PENSANDO DEMASIADO

Potencia tu mente al convertir tu

preocupación, ansiedad y

¡Emociones negativas en

energía positiva!

Dale McLeo

Nota Legal

La información contenida en este libro y su contenido no está diseñada para reemplazar o reemplazar cualquier forma de consejo médico o profesional; y no pretende reemplazar la necesidad de asesoramiento o servicios médicos, financieros, legales u otros profesionales independientes, según sea necesario. El contenido y la información de este libro se han proporcionado únicamente con fines educativos y de entretenimiento.

El contenido y la información contenida en este libro ha sido compilado de fuentes consideradas confiables, y es exacto según el mejor conocimiento, información y creencia del autor. Sin embargo, el Autor no puede garantizar su precisión y validez y no se hace responsable de los errores u omisiones. Además, periódicamente se realizan cambios a este libro cuando sea necesario. Cuando sea apropiado y / o necesario, debe consultar a un profesional (incluidos, entre otros, su médico, abogado, asesor financiero u otro asesor profesional) antes de utilizar cualquiera de los remedios, técnicas o información sugeridos en este libro.

Al usar el contenido y la información contenida en este libro, usted acepta eximir al Autor de cualquier daño, costo y gasto, incluidos los honorarios legales que puedan resultar de la aplicación de la información provista en este libro. Este descargo de responsabilidad se aplica a cualquier pérdida, daño o lesión causada por el uso y la aplicación, ya sea directa o indirectamente, de cualquier consejo o información presentada, ya sea por incumplimiento de contrato, agravio, negligencia, lesiones personales, intención criminal o por cualquier otra causa de acción.

Usted acepta aceptar todos los riesgos de usar la información presentada en este libro.

Usted acepta que al continuar leyendo este libro, cuando sea apropiado y / o necesario, deberá consultar a un profesional (que incluye, entre otros, a su médico, abogado o asesor financiero u otro asesor, según sea necesario) antes de usar cualquiera de los remedios sugeridos , técnicas o información en este libro.

Tabla de contenido

INTRODUCCIÓN

Pensar demasiado es muy común y debilitante. Puede impedir que socialice, duerma profundamente, afecte su rendimiento en el trabajo e incluso interrumpa unas vacaciones bien planificadas. Cuando pensar demasiado se vuelve crónico, puede provocar molestias físicas y mentales. En resumen, pensar demasiado puede dejarlo exhausto tanto física como mentalmente. Si así es como te sientes en este momento, podrías haber intentado varias formas de escapar de una situación tan deprimente sin éxito.

Pero entonces, ¿qué es el desorden de pensamiento excesivo? En circunstancias normales, todos nos preocupamos por una cosa u otra, pero cuando esas ansiedades comienzan a quitarnos la vida, se convierte en un problema grave. Aunque no todos sufrirán ese grado de preocupaciones, algunas personas son más propensas a sufrir tales trastornos que otras, especialmente las personas con antecedentes de trastorno de ansiedad. Los científicos han descubierto que pensar demasiado puede activar varias áreas del cerebro que regulan la ansiedad y el miedo.

Pero incluso si nunca tuvo antecedentes de trastorno de ansiedad, podría ser propenso a pensar demasiado, especialmente si asume la responsabilidad de ser un "solucionador de problemas". Tu mayor fortaleza como pensador analítico puede terminar convirtiéndose en tu mayor enemigo, especialmente cuando te quedas atrapado en un atolladero de pensamientos improductivos. Además, los sentimientos de incertidumbre en un alto grado pueden inducir un trastorno de pensamiento excesivo. Por ejemplo, si ocurriera un cambio significativo como una pérdida importante en su vida, podría perder el control de su mente y podría girar en una dirección de obsesión improductiva.

Es reconfortante saber que uno puede superar el pensamiento excesivo (y la ansiedad). Existen muchas técnicas efectivas para resolver las ansiedades, sin importar la causa, ya sea pensar demasiado debido a una relación fallida, problemas de salud o financieros. Estén atentos, ya que este libro lo lleva a través de las técnicas de cómo dejar de pensar demasiado. Pero primero, este libro comenzará definiendo cada problema y luego discutiendo las soluciones más efectivas para cada problema.

Los seres humanos están conectados para conexiones personales porque nuestras relaciones nos completan y llenan el vacío. Esta es una razón por la que siempre buscamos formar relaciones fructíferas. Sin embargo, la mayoría de las veces, las relaciones que formamos se convierten en una carga. No podemos sostenerlos ni sentirnos limitados por ellos. Comenzamos a sentir que las relaciones son una carga.

Esta incapacidad para mantener las relaciones se ha convertido en un fenómeno generalizado desde hace algún tiempo. Puede provocar infelicidad, descontento y fatiga mental.

Es importante comprender que las relaciones son conexiones bidireccionales. Las expectativas poco realistas en las relaciones contribuyen a los problemas. No es el otro compañero en la relación lo que causa la fricción, sino sus expectativas del compañero. Si espera algo de su pareja, puede sentirse decepcionado. Incluso establecer reglas no ayuda en este caso, ya que no se trata de recibir sino de percibir.

Las expectativas de cualquier relación pueden nublar su proceso de pensamiento. Entras en el modo de recepción y comienzas a cuantificar lo no cuantificable. Como resultado, la confianza y el respeto mutuos comienzan a desvanecerse. Te vuelves más y más exigente y menos indulgente y tolerante. Todos y cada uno se siguen registrando en tu mente y lo abarrotan; las reacciones que surgen en tales casos son instintivas.

Si desea tener relaciones saludables, debe ser rechazado ser instintivo. La atención plena es la única forma de cultivar relaciones nutritivas. No puedes dejar que tu mente se desordene y los prejuicios gobiernen tu relación. El desorden en tu mente te haría poco receptivo e injustificado. Inflará tu ego y te hará cruel y poco apasionado.

CAPÍTULO 1: CAUSA Y PRINCIPIOS DE PENSAMIENTO

Una vez más, no hay nada de malo en pensar en sus problemas, por lo que puede pensar en una solución para ellos, se vuelve preocupante cuando tiene la mala costumbre de torcer narrativas en su cabeza hasta que pueda ver todos los ángulos y lados. Pensar demasiado no es productivo, ya que solo te hace pensar en tus problemas; no estás buscando una solución para ellos y solo te estás haciendo sentir miserable.

Para encontrar una manera efectiva de romper su hábito de pensar demasiado, debe averiguar qué lo causó en primer lugar. A continuación se presentan algunas de las razones más comunes de por qué las personas tienden a pensar demasiado en sus problemas en lugar de encontrar una solución para ellos.

Sobrecarga de información

Si no tiene confianza en sí mismo, tiende a dudar de cada pequeña cosa que dice o hace. Cuando dudas, aunque sea un poco, sobre las cosas que quieres hacer, estás dejando que la incertidumbre y el miedo entren en tu mente, y será muy difícil sacarlos de allí. Nunca puedes decir realmente cuáles serán tus decisiones; incluso si planificó cada pequeño detalle, el resultado aún no será exactamente lo que esperaba (podría ser mejor o peor de lo que planeó). Es por eso por lo que debe aprender a tomar riesgos y no torturarse a sí mismo cuando no obtuvo los resultados que deseaba.

Cuando te preocupas demasiado

Es natural preocuparse cuando te encuentras con cosas y eventos nuevos y desconocidos. Sin embargo, si te preocupas demasiado de que ni siquiera puedes imaginar un resultado positivo, entonces te hará pensar demasiado. Esto es problemático porque la preocupación atrae aún más problemas; a veces crea unos de la nada, lo que hace que pensar demasiado sea aún más profundo. En lugar de reflexionar sobre cómo las cosas podrían salir mal, es mejor entretener pensamientos que son más positivos, como cuánto mejor se sentiría si un cierto incluso se volviera a su favor.

Cuando piensas demasiado para protegerte

Algunas personas creen que pueden protegerse de los problemas cada vez que piensan demasiado, pero la verdad es que pensar demasiado es una trampa que mata su progreso. Pensar demasiado y no hacer nada para cambiar el status quo puede parecer bueno, pero reprimir su progreso nunca es algo bueno. Además, cuando piensas demasiado, realmente no te estás quedando en la misma posición, en realidad estás deshaciendo la cantidad de progreso que has logrado hasta ahora.

No puedes "apagar" tu mente

Muchos pensadores en exceso se volvieron así porque parece que no pueden distraerse de sus problemas sin importar cuánto lo intenten. Las personas que son sensibles al estrés viven como si estuvieran constantemente tensas, de alguna manera han olvidado cómo relajarse y cambiar su cadena de pensamientos. El pensamiento excesivo ocurre cuando una persona hace demasiado hincapié en un solo problema y no puede apartar su atención de él.

Siempre estás persiguiendo la perfección

Ser perfeccionista no es necesariamente algo bueno. De hecho, uno podría argumentar que ser perfeccionista no es bueno en absoluto. La mayoría de las personas que luchan con el perfeccionismo están constantemente ansiosas. A menudo se despiertan en medio de la noche pensando en las cosas que podrían haber hecho mejor. Ser perfeccionista provoca pensar demasiado porque siempre estás tratando de superarte.

Pensar demasiado es tu hábito

Pensar en exceso no siempre es causado por los malos hábitos de una persona; a veces pensar demasiado ES el mal hábito de la persona. Para algunas personas, no les cuesta mucho pensar demasiado; Por lo general, piensan demasiado en el momento en que encuentran inconvenientes incluso menores. Este mal hábito impide que las personas vivan sus vidas de la manera que realmente querían.

Miedo

Nunca puedes frenar por completo tu ansiedad a menos que enfrentes los temores en los que está arraigada. Solo puedes sentirte fuerte cuando dominas tus emociones de miedo y aprensión, y esto solo puede ser posible si realmente enfrentas aquello a lo que tienes miedo.

Ahora que sabe cómo controlar sus pensamientos negativos y que es consciente de cómo se siente, haga una lista consciente de todo lo que tiene miedo de hacer. Cosas como confrontar tus sentimientos con tu enamorado, comenzar tu propio negocio, publicar tu libro, probar deportes de aventura y cualquier otra cosa que sientas que te está frenando puede ir a esa lista.

Una vez que su lista esté lista, elija cualquier temor que le gustaría superar primero y cree un plan de acción para frenarlo. Si tiene miedo de hablar en público pero siempre quiso seguirlo, prepare un discurso breve sobre un tema que le apasione y practique hablarlo durante un minuto o dos frente al espejo, un amigo cercano o solo.

Una vez que tenga el control sobre eso, hable sobre el tema frente a 2 o 3 personas. Puede tropezar y cometer errores, pero si logra mantenerse fuerte en ese momento, superará una parte de su miedo. Lentamente siga hablando frente a más personas y pronto habrá superado su miedo.

Después de superar un pequeño miedo, toma otro, y luego otro. Sigue combatiendo tus miedos de esta manera y frútalos uno tras otro para tener un mejor control de tus emociones y dominarlos. Recuerde registrar sus actividades diarias y su rendimiento en un diario para que pueda revisar las cuentas una y otra vez. Esto proporciona información sobre sus fortalezas, errores, contratiempos y logros para que se sienta motivado a reconocer sus logros, aprender de sus errores y mejorarlos para que solo mejore la próxima vez.

CAPÍTULO 2: OBLIGACIÓN DE VIDA

Muchas personas evitan erróneamente agregar una práctica de atención plena a sus vidas diarias porque piensan que la atención plena es una forma de práctica basada en la religión que solo se puede hacer si está dispuesto a dedicarse a una fe específica. Esto no podría estar más lejos de la verdad. La realidad es que la atención plena a menudo se asocia con la espiritualidad, pero la espiritualidad en sí misma no es una religión. Además, no debe tener una práctica espiritual activa para beneficiarse de la atención plena. En un nivel muy práctico, la atención plena es una serie de herramientas y estrategias que se utilizan para garantizar que se está involucrando en la mejor vida posible y que está obteniendo más de la vida. Esto no es necesariamente una práctica estrictamente espiritual, ni es una práctica estrictamente científica. En cambio, es lo que sea que hagas. Puede ser tan espiritual o práctico como desees que sea.

Llevar la practicidad a la atención plena puede ser poderoso no solo para ayudar a una persona más orientada a la lógica a aprovechar la atención plena, sino también para ayudar a cualquier persona a comprender cómo funciona realmente la atención plena. Después de todo, hay mucho más detrás de las prácticas que solo la fe y la creencia. Se ha demostrado que las herramientas de atención plena que se utilizan en las prácticas habituales de atención plena tienen beneficios muy positivos para la salud y el bienestar de las personas en muchos niveles. Exploremos las muchas maneras en que la atención plena es realmente una práctica, y cómo puedes comenzar a usar aplicaciones prácticas de atención plena en tu vida diaria.

¿Cómo se práctica la atención plena?

A pesar de una suposición bastante popular de que la atención plena es estrictamente una rutina espiritual, la atención plena es realmente increíblemente práctica. No es ningún secreto que nuestra sociedad está llena de una enorme cantidad de estrés. La ansiedad, la depresión y otras enfermedades mentales están en declive a medida que las personas continúan plagadas por las muchas tensiones de la sociedad moderna. Mucho de esto se puede atribuir a la falta de atención plena. Con tanta gente viviendo en piloto automático, muy pocos se toman el tiempo para registrarse genuinamente con ellos mismos y tener claro qué necesitan y qué los haría sentir felices. Como resultado, tenemos una tendencia a rechazar crónicamente las cosas que más necesitamos para mantener una vida feliz y saludable.

La atención plena es la práctica de devolver la conciencia a tu mente, cuerpo y espíritu, lo que significa que estás registrando intencionalmente y buscando oportunidades para desestresarte y promover una vida más feliz y saludable. Aunque utiliza prácticas que a menudo están asociadas con la espiritualidad, como la meditación y las afirmaciones positivas, muchas de las prácticas son muy prácticas en cómo funcionan en su mente. Esencialmente, estás desacelerando intencionalmente y dándote la oportunidad de traer paz a tu vida a través de prácticas de atención plena. La mejor manera de hacerlo es calmar su mente utilizando una variedad de prácticas y técnicas.

Luego, una vez que hayas dominado el silencio de tu mente, puedes comenzar a hacerte preguntas importantes como "¿Cómo estoy realmente?", "¿Cómo me siento al respecto?" O "¿Qué me está molestando?". importa primero, las respuestas a estas preguntas son mucho más fáciles. Luego, con las respuestas, puede comenzar a imponer cambios en su vida que le permitan quitar la paz de las prácticas momentáneas de la atención plena y comenzar a inculcarla en otras áreas de su vida también. Comienza a difundir la paz y, por lo tanto, aumenta la alegría y la felicidad que experimenta en su vida.

La atención plena es práctica porque es una práctica de cuidar verdaderamente la salud y el bienestar de su propia mente. A través de una serie de prácticas, está entrenando su mente para comprender qué es la paz y poder aprovecharla cada vez que sienta que es necesaria.

¿Cuáles son algunas aplicaciones prácticas de la atención plena? En pocas palabras, cualquier práctica que te frene y te anime a mirar dentro de tu mente y prestarte atención durante unos minutos es una práctica de atención plena. Algunas de estas prácticas son más excéntricas que otras, y algunas son más prácticas. Dado que está leyendo esta guía, supongo que es una persona lógica y que está buscando técnicas prácticas que pueda comenzar a utilizar para poder acceder al reino de la atención inmediata de inmediato.

Afortunadamente, hay muchas técnicas prácticas de atención plena que puede comenzar a usar que lo ayudarán a disfrutar de la atención plena en muchos niveles de su vida. Estas técnicas toman tanto o tan poco tiempo como para ofrecerlas, se pueden trabajar fácilmente en cualquier horario y son excelentes tanto para principiantes como para practicantes avanzados de atención plena. Cuanto más practiques estas técnicas, más valor aportarás a tu vida gracias a tu práctica de atención plena.

Vamos a explorar tres prácticas de atención plena ahora que son muy valiosas cuando se trata de integrar la atención plena en su vida de una manera práctica. Estos incluyen respiración consciente, escucha atenta y apreciación consciente.

Estar a cargo de sus pensamientos antes de saltar al pozo oscuro del pensamiento excesivo, es imprescindible que primero aclare lo que realmente está pensando demasiado y también reflexione sobre las formas negativas que el pensamiento excesivo está afectando su vida. Tal claridad ayudará a mejorar su determinación de luchar contra la tendencia a pensar demasiado.

Creencias limitantes

Lo primero que debe hacer es elegir las preguntas de "qué pasaría si" que probablemente se haga. Tales preguntas son automáticamente estimulantes de pensar demasiado.

Pregúntese:

- ¿Cuáles son las preguntas comunes de "qué pasa si" que generalmente me hago?

- ¿Qué circunstancias o situaciones a menudo provocan estas preguntas?

Puede ser que estés pensando demasiado porque a menudo haces las preguntas equivocadas. En la mayoría de los casos, en lugar de buscar soluciones al problema, usted está ocupado pintando escenarios de "qué pasaría si" en su mente, preguntándose sobre todas las posibles cosas negativas que pueden ocurrir.

Por lo tanto, respire hondo e intente identificar todas las preguntas de "qué pasaría si" que a menudo se hace. Además, trate de detectar circunstancias específicas que puedan desencadenar tales preguntas.

El siguiente paso es profundizar en las creencias limitantes que pueda tener, y tratar de comprender mejor algunos de los efectos que tales pensamientos tienen en sus preocupaciones.

Pregúntese:

- ¿Cuáles son mis "pensamientos" sobre pensar demasiado?

- ¿Cómo afectan esas creencias las elecciones y decisiones que tomo?

- ¿Tienen tales pensamientos alguna ventaja?

- ¿Cuáles son los efectos secundarios a largo plazo de tales creencias?

Cuando estás pensando demasiado en algo, es una evidencia clara de que te estás aferrando a un cierto conjunto de creencias que está afectando cómo piensas y cómo respondes en tal situación. Para enfrentar el hecho, te aferras a esas creencias porque sientes que son una ventaja para ti. Probablemente, sienta que son ventajosas porque le dan una sensación de control sobre ciertas circunstancias o áreas específicas de su vida (Basado en el pasado). Pero lamentablemente, tales creencias te están lastimando porque te impiden lidiar con las razones principales por las que estás pensando demasiado y ese es un problema grave en sí mismo.

La mejor manera de conquistar tus creencias limitantes es desafiarlas de frente. A continuación se enumeran algunos ejemplos de ciertas preguntas que puede hacerse:

- ¿Por qué creo que no puedo controlar el pensamiento excesivo?
- ¿Por qué creo que pensar demasiado es beneficioso?
- ¿Hay alguna evidencia para respaldar tales pensamientos?
- ¿La evidencia es creíble y confiable?
- ¿Me es posible ver esta situación desde otro ángulo?
- ¿Tengo alguna evidencia que vaya en contra de mis creencias sobre esto?
- ¿Qué me dicen estos sobre mi mal hábito de pensar demasiado?

Todos los pensamientos que conducen a pensar demasiado son simplemente problemas que debe resolver. Pero, si está nadando constantemente en un grupo de preocupaciones incontrolables, nunca podrá resolver sus problemas.

Prepárese para entrenar su cerebro para establecer una relación saludable con sus pensamientos

Tus pensamientos son definitivamente diferentes de la realidad. Sin embargo, sus pensamientos pueden tener un fuerte impacto en usted en la vida real, dependiendo de cómo los vea.

Descarta el dicho de que eres tu pensamiento. Más bien, busque maneras de establecer una conexión con sus pensamientos y mantener una relación saludable con ellos.

Si observa que un pensamiento particular sigue apareciendo en su mente, puede hacerse estas preguntas:

- **¿Percibo este pensamiento solo como una construcción mental o creo que es la realidad?**

- **¿Estos pensamientos me mantienen despierto toda la noche, o simplemente los dejo ir?**

- **¿Acepto los pensamientos tal como vienen o intento cambiarlos?**

- **¿Estoy abierto a otros pensamientos o simplemente me alejo de ellos?**

- **¿Qué pensamientos despierta este pensamiento en mí?**

Después de plantear tales preguntas, espere a que surjan las respuestas, aunque las respuestas pueden no ser obvias al principio, plantear tales preguntas es muy importante. Gradualmente, podrás relacionarte con tus pensamientos.

Simplemente puede preguntar: "¿Pero es esto cierto?"

El mejor tipo de relación que puede establecer con sus pensamientos es la que está llena de aceptación y, sin embargo, es una medida de distancia saludable. Lo que esto significa es que estás abierto a cualquier pensamiento y no tratas de actuar como si no existiera; sin embargo, también puedes intentar lo más posible para no dejar que te desanimen.

Por ejemplo, si tuvo una mala experiencia con un pésimo cajero, puede comenzar a pensar que las cosas podrían ser mejores si solo hubiera ido a otra salida, pero no necesita creer tales interpretaciones mentales porque son meras suposiciones y no la realidad última. Cuales son las posibilidades? Probablemente esta persona en particular es un cajero maravilloso que simplemente está teniendo un mal día y tal vez si elige la otra línea todavía estará en la cola. Tales pensamientos te mantienen abierto a posibilidades.

Cuando te felicitas o reconoces que sientes que lo hiciste bien, tiendes a disfrutar de esos sentimientos.

Por ejemplo; cuando te dices a ti mismo: "¡Bien hecho! ¡Lideré el equipo y logramos un objetivo importante! "Sin embargo, esto no significa que su rendimiento en el próximo juego sea el mismo. Tampoco te convierte en una "mejor persona" porque tu autoestima no depende de lo bien que puedas liderar un equipo.

CAPÍTULO 3: IMPORTANCIA DE LAS RELACIONES

Cuando una persona experimenta por primera vez el mundo menos estelar del trabajo de oficina de 9 a 5, problemas reales de relación y cuán increíblemente sosa y normal es la vida real, comienza a pensar en todas las cosas que podrían haber hecho mal para que Merecen sus vidas de vainilla. Cuando la brecha entre la fantasía y la realidad se vuelve demasiado grande, causa una gran tristeza, lo que también hace que renuncien a perseguir sus sueños.

Muchas personas están condicionadas a creer que tienen derecho a alcanzar sus sueños, y cuando no obtienen lo que querían, comienzan a pensar demasiado. Nuevamente, no es inherentemente malo soñar, simplemente no espere que se hagan realidad solo porque desea que lo hagan. Este sentimiento de derecho a menudo lleva a pensar demasiado.

Por ejemplo, una persona podría pensar que debe haber algo mal en el sistema porque no obtuvo esa promoción por la que trabajó tan duro o por qué no siente los efectos del auge económico que se ha informado recientemente en todas las noticias. ? Esto lleva a pensamientos aún más oscuros, como tal vez la razón por la que no obtuvo esa promoción fue porque no se graduó de una universidad de la Ivy League. Comienza a culpar a sus padres por no pagar la educación de la Ivy League. También comienza a pensar que tal vez sea su familia la que lo está frenando para el éxito, o tal vez el sistema en su trabajo esté preparado para que falle. O tal vez, es solo que no es tan inteligente o capaz como sus compañeros de trabajo. Todos estos pensamientos comenzarán a girar alrededor de la cabeza de la persona.

CAPÍTULO 4: NUESTRO ENTORNO

Mantener una relación con otro ser humano es caminar por la cuerda floja. Se trata de un ser con el mismo nivel de intelecto y un conjunto de problemas completamente diferente. Puede estar viviendo en la misma casa, trabajando en el mismo tipo de trabajo y teniendo el mismo círculo de amigos, pero su mundo puede ser completamente diferente. Cada persona tiene una percepción única de las cosas. Los individuos tienen su propia forma de cuantificar los problemas. Cada persona tiene desencadenantes únicos de estrés y alegría. Medir a la otra persona con el mismo criterio creará problemas. El mayor problema es que si tienes una mente desordenada, nunca podrás entender estas cosas y causar fricción.

La mejor manera de cultivar relaciones nutritivas es despejar tu mente, ser más consciente y no tener prejuicios.

Se más inclusivo

La humanidad se considera la raza más inteligente en esta tierra. Tiene el poder de comprender y racionalizar. Puede ser preciso en gran medida cuando se trata de comprender otros organismos y sistemas, pero también puede funcionar para comprender a su pareja.

Otro ser humano también es tan complejo como tú. Tratar de entender a la otra persona todo el tiempo es una estrategia que fallará. Nunca se puede predecir con precisión las circunstancias, la perspectiva y la reacción de la otra persona en una situación. Cuanto más intentes entender a la persona, más alarma y actitud defensiva causarás. Las relaciones no se tratan de comprender con precisión, sino de ser inclusivo. Debe aceptar a sus socios con todos los méritos y deméritos. Es la única forma de desarmarse y bajar la guardia. Cuanto más intente comprender, más difícil será la situación.

Escucha

La mayoría de los problemas en una relación simplemente necesitan escucharse. Cuando escuchas sin juzgar, estás dando rienda suelta a los problemas de tu pareja. Esto le ayuda a aceptar sus problemas y les brinda la oportunidad de abrirse. Aumenta el vínculo y libera el estrés. Su atención es todo lo que su pareja busca la mayor parte del tiempo. La mayoría de las personas son capaces de resolver sus problemas y, si lo necesitan, le pedirán ayuda. Solo debes prestar atención a las cosas que necesitan para quitarse el pecho.

Cuidado con lo que dices

Las opiniones son espadas de doble filo en una relación. Si no eres consciente de las cosas que dices, tu relación puede ir al sur. Uno de los mayores problemas en las relaciones agrias es hablar sin pensar. Las personas no prestan atención a las cosas que dicen y no prevén el alcance del daño que pueden causar. Tus opiniones solo son buenas para ti. No los presione a su pareja o puede resultar fácilmente peor que los debates televisivos en horario estelar. Hablar conscientemente es la única forma de mantener baja la guardia de tu pareja.

No escoja y elija las cualidades

La principal diferencia entre los seres humanos y los robots es que cada individuo viene con un conjunto único de cualidades. Puede hacer cualquier cantidad de robots con idénticas cualidades y características. Nos guste o no, pero esta es la verdad que debemos aceptar. Nada daña más una relación que la selección selectiva de cualidades en una persona. Levanta la guardia y los pone a la defensiva y escépticos. La comparación de dos individuos es inhumana. Una persona con un conjunto de cualidades también viene con un conjunto separado de vicios. Si su mente está abarrotada, no podrá ver esto. Esta visualización selectiva puede poner en peligro cualquier relación.

Debes entender que las relaciones no son absolutas. Nunca pueden ser absolutos. Siempre serán variables. Significa que necesitarán ajustes conscientes. Necesitarán su cuidadosa atención. Necesitarán tu aceptación.

Limpiar tu mente es muy importante para hacerte más receptivo. Le permite prestar atención a las cosas que son importantes.

Entrar en relaciones es bastante fácil ya que la atracción es la clave aquí. Dos personas pueden acercarse debido a la atracción. Es el punto en el que la materia sólo sus puntos fuertes. Estás mostrando tus puntos fuertes y transmites el mérito. Sin embargo, mantener una relación es un juego de pelota completamente diferente. No se puede pretender ser lo mejor posible todo el tiempo. De hecho, no se puede pretender nada en absoluto. Todos los defectos serán evidentes y lo mismo pasa con su pareja. Si no son inclusive en su enfoque, entonces la relación está destinada a desintegrarse pronto que tarde.

Para aceptar tantas cosas en su pareja y aún estar razonablemente satisfecho, su mente debe ser receptiva. Una mente desordenada te fallaría aquí. Terminarás fingiendo aceptar o vacilar de todos modos. En ambos casos, las cosas no terminarían agradablemente para ti.

La atención plena, por otro lado, garantizará que esté listo para aceptar los hechos. Puede tomar los hechos tal como son y vivir con ellos. Esto asegurará que su pareja se sienta más bienvenida y cómoda.

Por lo tanto, despejar tu mente es un paso esencial para construir relaciones duraderas que puedan funcionar para ti. Estas relaciones traerán alegría y felicidad a tu vida. No te sentirías sofocado en estas relaciones y no habrá peligro de que se vuelvan tóxicas.

¿Cómo usas las afirmaciones para despejar tu mente?

Las afirmaciones son declaraciones positivas formateadas conscientemente que se dicen con frecuencia (ya sea en voz alta o por escrito) o se escriben con la intención de influir positivamente en los pensamientos y acciones de una persona. Las declaraciones están destinadas a impactar la mente consciente y subconsciente de un individuo.

Las afirmaciones son herramientas muy potentes cuando se trata de cambiar el estado de ánimo de una persona, alterar el estado de su mente, manifestar cambios y obtener lo que anhelas en la vida. Sin embargo, las afirmaciones funcionan de manera más efectiva cuando una persona puede identificar que existe una creencia que las está frenando o abrumando su mente.

Las afirmaciones están diseñadas para activar el poder de su mente subconsciente. Te motivan y mantienen tu mente enfocada en el panorama o las metas más grandes. Las afirmaciones pueden alterar la forma en que piensa, siente y se comporta. Las declaraciones positivas lo ayudan a mantenerse más activo mentalmente, entusiasta y positivo. Te inspiran y te dan energía para tomar mejores decisiones y ser la mejor versión de ti mismo.

Las afirmaciones ayudan a eliminar el desorden mental negativo y el caos al enfocarse en los aspectos positivos y, por lo tanto, llevar a pensar más en pensamientos más positivos, centrados y claros a diario.

Las afirmaciones deben ser simples, cortas y fáciles de recordar. Piensa sobre esto. Estás de camino a casa desde la oficina y atrapado en mucho tráfico. Tienes algo de tiempo para revisar tus afirmaciones mientras todavía estás allí sin hacer nada. Oye, lo único malo es que no puedes recordarlo ni recordarlo, ya que fue muy elaborado y largo. Allí, ahora tiene una excusa válida para no usar afirmaciones.

Las afirmaciones cortas y simples funcionan mejor porque puedes seguir diciéndolas fácilmente sin olvidar las palabras o tener que consultar tu libro / notas para reunir las palabras exactas.

Comience creando una lista de afirmaciones que resuenen con usted y representen lo que quiere en la vida de la mejor manera posible. No tiene que ser algo grandioso o ambicioso. Su afirmación puede ser algo tan básico como la "paz mental y la felicidad". Guárdelo para que suene instantáneamente con usted. Use declaraciones con las que se conecte en un nivel más profundo.

Si bien no existe una regla estricta sobre cuándo o cómo decir estas afirmaciones positivas, recomiendo reservar un momento o ritual especial para ellos.

Cuando estamos dormidos, esencialmente descansamos nuestra mente consciente y ponemos a trabajar nuestra mente subconsciente. Esto significa que cualquier cosa que alimentemos a nuestra mente subconsciente justo antes de que su actividad alcance un pico tiene una mayor probabilidad de ser absorbida y retenida. Del mismo modo, cuando la mente subconsciente se encuentra en una etapa más receptiva durante la meditación o la atención plena, las afirmaciones pueden ser más efectivas.

Crea afirmaciones con las que puedas identificarte absolutamente. Sus afirmaciones deben estar completamente alineadas con las metas, sueños, objetivos y visiones individuales. ¿Qué es lo que realmente te importa? ¿En quién quieres convertirte? ¿Cuál es tu objetivo final en la vida? ¿Cómo quieres vivir tu vida?

Sus afirmaciones deben reflejar el ideal que desea lograr en la vida. Por ejemplo, una carrera más exitosa y gratificante, un hogar feliz, un compañero comprensivo y niños sanos y felices que lo escuchen. No copie y pegue las afirmaciones de otra persona ni las aplique a su vida.

Tus afirmaciones deberían gritarte todo el camino. Mantenlo como algo con lo que te identifiques instantáneamente.

Las afirmaciones siempre deben usar palabras y frases positivas. A veces, he tenido personas que se acercan a mí y me dicen que siguen diciendo sus afirmaciones varias veces durante el día y, sin embargo, no he visto resultados visibles.

No te enfoques en lo que no quieres. En cambio, habla solo de lo que quieres.

Hable sobre esto como si estuviera sucediendo en el presente. Su subconsciente, así como el universo, deben ser llevados a creer que es su realidad y no algo a lo que aspira. Si aspira a tener más claridad y paz mental, no diga: "Voy a lograr más paz y claridad mental". En lugar de eso, diga: "Estoy mentalmente en paz y tengo total claridad sobre mi vida".

Hablar de algo como si lo quisieras en el futuro termina reforzando la falta de él en tu presente. Si dice que va a estar mentalmente en paz en el futuro, simplemente significa que actualmente no está en paz. Y reforzar la falta de algo atrae más la falta de algo. Entonces, decir algo que denota una falta de paz mental solo terminará atrayendo más de esta falta de paz mental. Hable sobre los aspectos positivos o los objetivos como si ya los tuviera o los haya logrado.

La repetición es la clave para permitir que su subconsciente aborde lo que desea lograr.

Llénalos de emociones convincentes. Cuantas más emociones infunda en sus afirmaciones o afirmaciones positivas, los resultados más efectivos es probable que logre. No diga simplemente sus afirmaciones de manera clínica porque algún entrenador o libro de autoayuda lo incitó a hacerlo. Es una práctica completamente inútil.

Siéntelos como los dices. Siéntete emocionado y lleno de energía por las afirmaciones. Vive tus afirmaciones. Permítete ser completamente tomado por ellos. Acostúmbrese a medir / rastrear resultados. Tome nota de las cosas que han cambiado para mejor en su vida después de que comenzó a decir estas afirmaciones. Esto evitará que las diga de una manera más mecánica y lo hará aún más entusiasmado con su uso.

Las afirmaciones también pueden ser lo que tienes o eres en lugar de lo que quieres ser. Si bien siempre nos enfocamos en las cosas que queremos lograr, rara vez prestamos atención a los aspectos positivos que ya poseemos. Los seres humanos permanecen constantemente en los elementos que prefieren cambiar sobre sí mismos o sus vidas.

Sin embargo, romper este patrón y afirmar lo que realmente aprecias de ti te otorga la confianza necesaria para cambiar las cosas no tan sorprendentes sobre ti. De esta manera, aprende a aceptar grandes cosas sobre usted mismo y gana la confianza para ser lo que quiere ser en el futuro.

Haz una lista de todos tus atributos positivos. Escríbelos de manera que puedas verlos todos los días.

Visualiza tu futuro o afirmaciones (como te gustaría que fueran). Mientras visualizas, sigue repitiendo tus afirmaciones. Piensa cuidadosamente sobre lo que significa cada palabra que estás pronunciando. Piense en su impacto en su presente y futuro. Siente cada palabra que entra en el reino de tu mente subconsciente e influye en tu comportamiento y, en última instancia, en tu vida. Siente que tu mente se aclara para ocupar pensamientos relacionados con estas afirmaciones. Presta mucha atención a lo que cada palabra significa e implica en tu vida.

CAPÍTULO 5: LO QUE LOS PENSAMIENTOS NEGATIVOS HACEN A TU CEREBRO

Tu mente te tiene atrapado en viciosos ciclos de pensamiento o patrones de pensamiento cuando piensas demasiado. Es como si se sintiera mentalmente exhausto las 24 horas del día, los 7 días de la semana, debido a que su cerebro no puede relajarse o apagarse. Es fácil quedar atrapado dentro de tu mente ya que el mundo y el universo en el que vivimos nos obliga a pensar en todo lo que hacemos, todo lo que queremos y todo lo que creemos. Pensar demasiado en exceso provoca estrés, ansiedad, depresión y otros trastornos del estado de ánimo. Los pensadores excesivos enfatizan constantemente sobre sus responsabilidades, si son buenas personas, si están tomando las decisiones correctas y si son o no productivos o no. Los pensamientos inventan quiénes somos o queremos ser como individuos porque los pensamientos conducen a acciones y las acciones conducen al carácter. Dado que hay tanto que pensar diariamente, no es de extrañar que nuestro cerebro esté acelerado.

¿Sabes si piensas demasiado o no? Tal vez creas que sí, pero luego adivina y convéncete de que no lo haces, lo que te lleva a hacer tu pregunta original nuevamente más tarde. "¿Pienso demasiado en todo?" Para algunas personas, pensar demasiado es la forma en que la vida es para ellos, y no pueden evitar el estrés por todo. Una vez que comienzas a pensar demasiado, es difícil controlar o incluso detenerte.

Aquí hay algunas señales de que tu mente te tiene atrapado y está atascado en la sobre carga:

1. Insomnio

El insomnio se desarrolla cuando las personas no pueden apagar sus pensamientos. Es como si pudieras estar cansado todo el día, pero luego, cuando te acuestas para dormir o descansar, te despiertas instantáneamente. Tus pensamientos inundan tu mente con todo lo que aún no has hecho, quieres hacer o tal vez no perfeccionaste algo que ya hiciste. Tu mente se obsesiona con cosas que no puedes controlar o cosas que podrías haber controlado pero que no pudiste controlar. Esto es cuando estás atrapado dentro de una prisión mental. Esto también se llama pensar demasiado, lo que resulta en el desarrollo de insomnio.

2. Viviendo ansiosamente

Si no puede relajarse hasta que haya pensado y planeado cada escenario para lo que vendrá o lo que aún no ha sucedido, entonces esta es una señal de que está atrapado en su propia cabeza. La mayoría de las personas que no pueden dejar de pensar demasiado recurren a las drogas, el alcohol o los medicamentos recetados para ahogar sus pensamientos solo para tener algo de paz. Si sus pensamientos le causan ansiedad y le teme a lo desconocido y parece necesitar control, entonces esta es una señal de que está viviendo con miedo y ha caído en una mente atrapada.

3. Analizar todo lo que te rodea

Al igual que lo que se dijo en el síntoma anterior, la necesidad de controlar es abrumadora y es uno de los principales problemas que consiste en pensar demasiado. La necesidad de controlar todo significa que intentas planificar el futuro, lo cual es desconocido, por lo que temes el fracaso y te obsesionas con lo que estás haciendo ahora para evitar que sucedan cosas malas. No estás viviendo el momento que te produce una gran cantidad de ansiedad porque tu mente está ocupada con todo lo demás. Alguien que analiza demasiado las cosas tiene dificultades para aceptar el cambio porque el cambio rara vez se planifica, lo que los envía en una espiral descendente porque ahora se enfrentan a algo sobre lo que no tienen poder. Debido a este hábito, pensar demasiado lleva a malas habilidades para tomar decisiones debido a la indecisión de qué hacer a continuación.

4. Miedo al fracaso o al perfeccionismo

A los perfeccionistas también les gusta controlar las cosas; sin embargo, controlan los proyectos y sus alrededores, asegurándose de que todo esté bien por temor a cometer un error. Los perfeccionistas no pueden aceptar el fracaso y hacer todo lo posible para evitarlo. Como resultado de este tipo de comportamiento, los perfeccionistas se desviarán de tomar grandes decisiones o aceptar grandes oportunidades porque prefieren no hacer nada más que correr el riesgo de fallar.

5. Adivinándote a ti mismo

Derivado del abrumador miedo al fracaso y al perfeccionismo, la mente de un "fanático del control" a menudo analiza, vuelve a analizar, adivina y luego presenta otra análisis, hasta el punto en que nada parece lo suficientemente bueno, por lo que este ciclo se repite. Alguien que no puede aceptar el cambio o que no cree en sí mismo completamente adivinará por miedo a tomar la decisión o el movimiento equivocado. Además, tardan el doble de tiempo en procesar la información porque adivinan a otras personas y preguntan si interpretaron la conversación correctamente o no. Si esto te sucede, entonces considérate un pensador excesivo.

6. Dolores de cabeza

En el resultado de adivinar y pensar sobre las cosas una y otra vez, los dolores de cabeza comienzan a suceder porque la mente parece no tener paz ni por un minuto. Los dolores de cabeza son una señal de que necesitamos tomar un descanso y descansar o tranquilizarnos. Son signos de que necesitamos hacer frente o encontrar estrategias para relajar nuestras mentes y nuestros cuerpos. Los dolores de cabeza también provienen de la tensión corporal, que es un signo de estrés.

7. Dolor muscular y rigidez en las articulaciones

Pensar demasiado es una de las principales causas de estrés. Cuando continúas pensando demasiado, tu cerebro conecta esto con la forma en que deberían ser las cosas y, como resultado, te atrapa. Esto conduce a patrones de pensamiento abrumadores y negativos, preocupación obsesiva, ansiedad, TOC y otros trastornos relacionados con el estado de ánimo o el estrés. Cuando alguien está demasiado estresado o piensa demasiado, afecta todo su cuerpo. Solo cuando encuentre y resuelva la raíz de sus factores estresantes o problemas, el dolor y los dolores desaparecerán. Una vez que su cerebro ataca su cuerpo y músculos, sus emociones y estado de ánimo también se ven afectados, lo que puede hacer que se sienta agotado y mentalmente agotado o fatigado.

8. Fatiga

Como se explicó en el último síntoma, nos sentiremos fatigados si asumimos demasiado para que nuestro cuerpo y nuestras mentes manejen. La fatiga es la forma en que su cuerpo le dice que está a punto de agotarse. Si está en movimiento todo el tiempo, no solo físicamente sino también mentalmente, entonces es probable que se agoten. Es como un dispositivo electrónico que necesita baterías, si se deja encendido las 24 horas del día, los 7 días de la semana, o si continúa funcionando sin cargarse, morirá o necesitará reemplazar sus baterías. La fatiga es la forma del cerebro de hacerle saber que requiere un reinicio o que necesita descansar o se quedará sin energía.

9. No puede estar presente

¿Te encuentras intentando escuchar a otros hablar, pero tu mente te distrae con tus propios pensamientos? O, ¿te encuentras tratando de estar en el momento con tus hijos o tu cónyuge, pero estás demasiado ocupado obsesionado con lo que necesitas, con lo que hay que hacer o lo que se ha olvidado (porque tiene que haber algo)? Esto significa que tu mente te tiene atrapado en el maravilloso mundo del pensamiento excesivo. ¿No es genial? No ... Pensar demasiado puede hacer que pierdas la concentración o la vista de las cosas más importantes de la vida. Recuerde reducir la velocidad ya que no todo debe ser apresurado. Después de todo, todavía tienes más vida para vivir y liderar.

Como puede ver, esta lista de síntomas o signos de que usted es un pensador excesivo se relacionan entre sí. Por ejemplo, comienzas analizando en exceso y adivinando cosas, lo que surge del miedo a fallar, lo que te produce ansiedad debido a la falta de control para el futuro desconocido. Cuando esto sucede, se desarrollan dolores de cabeza y rigidez muscular, lo que conduce a la falta de sueño, lo que resulta en insomnio y fatiga, lo que complica las cosas para que pueda permanecer en el momento presente. Pensar demasiado y preocuparse obsesivamente es difícil de controlar, pero hay algo de luz. Al final de este libro, desarrollará y sabrá exactamente qué cambiar y cómo cambiarlo sin tener miedo de las consecuencias. Mientras lee, piense en este libro, como su guía completa para mejorar y dejar esos molestos pensamientos en el polvo.

CAPÍTULO 6: PENSAMIENTOS Y EFECTOS POSITIVOS/NEGATIVOS

Este estudio muestra que el pensamiento negativo debilita la capacidad de procesar información, así como la capacidad de pensar con claridad. Esto significa que pensar negativamente sobre los problemas no resuelve nada y puede dificultar las cosas debido a los patrones de pensamiento poco claros que rodean el pensamiento negativo.

Amígdala

La mayoría de las veces, las personas no pueden controlar sus patrones de pensamiento negativos, y esto se debe a que, durante largos períodos, nuestro cerebro se forma y cambia según la forma en que pensamos y percibimos las cosas. Aquí hay un buen ejemplo de cómo entra en juego la amígdala: alguien que está atrapado en el tráfico puede estar estresado debido al nivel de amenaza para su seguridad, si van a llegar tarde al trabajo o recoger a alguien o si hubo un accidente automovilístico por delante. La "amenaza" no parece ser una amenaza para ellos, sino una molestia de la que pueden hablar fácilmente por miedo a que algo malo vaya a suceder.

Por otro lado, alguien que se encuentra exactamente en la misma situación, pero que ha estado expuesto previamente al estrés que rodea un atasco de tráfico, un accidente automovilístico o cualquier experiencia negativa relacionada con esta situación, activa la amígdala para enviar señales al cuerpo como si esta persona estuviera en El modo de lucha o huida. Debido a las experiencias negativas que se acumulan en la amígdala, esta parte del cerebro no puede distinguir entre las amenazas de falsa alarma y las amenazas reales, por lo que se activa a toda marcha. Esto sucede debido al uso excesivo del pensamiento negativo durante largos períodos de tiempo.

Tálamo

El tálamo es responsable de las señales sensoriales y motoras en el cerebro. Envía estas señales al resto del cuerpo, pero no puede descifrar la diferencia entre peligro real y falsas alarmas. Entonces, como puede ver, la amígdala y el tálamo trabajan juntos para crear o disminuir las respuestas de estrés al resto del cuerpo en función de la forma en que piensa o controla su pensamiento. Las falsas alarmas son su amígdala que le dice a su tálamo que hay peligro. Su tálamo luego envía señales de adrenalina al resto de su cuerpo para prepararlo para luchar o huir del peligro que su cerebro está señalando. Puede suceder de la nada y solo sucede en función de los patrones de pensamiento negativos que ha acumulado durante algún tiempo.

CAMBIOS EN CORTISOL

El cortisol es el componente de estrés de tu cerebro. Controla el estado de ánimo, la motivación y el miedo. Los mayores aumentos de cortisol provienen de trastornos mentales como ansiedad, depresión, TDAH, TEPT y otros trastornos del estado de ánimo. Las personas que tienen trastornos mentales, en comparación con las personas que no, muestran niveles más altos de hormonas cortisol, por lo que es mucho más difícil para estas personas calmarse. Hay otras anormalidades en sus cerebros, como la materia blanca y gris. La materia gris es donde se procesa la información, la materia blanca es cuando las neuronas en su cerebro conectan esta información a donde necesita ir en el cerebro. El estrés crónico, el aumento de los niveles de cortisol y los bajos niveles de dopamina y serotonina contribuyen a producir más conexiones de materia blanca.

Cuando la materia blanca y gris está equilibrada, las partes del cerebro responsables del estado de ánimo y los recuerdos, como el hipocampo, no se ven afectadas, lo que resulta en menos "disparadores" del tálamo para enviar señales de falsa alarma al cuerpo. Puedes equilibrar esta materia blanca y gris cuando practicas el pensamiento positivo y cambias los hábitos negativos. Entrena tu cerebro de esta manera recompensándote por tu buen comportamiento y creando técnicas autodisciplinarias. Por ejemplo, si temes caminar solo a la tienda, disciplínate caminando solo hasta la mitad de la tienda y hablando por teléfono el resto del camino. Todo el tiempo diciéndote a ti mismo que puedes hacer esto y no da miedo. Recompénsese cuando complete pequeños hitos hacia este objetivo, y eventualmente acumule una gran recompensa cuando finalmente camine solo hacia y desde la tienda.

ELIMINANDO LA TOXICIDAD

El pensamiento negativo tiene que ver principalmente con la forma en que vives tu vida. Si estás rodeado de influencias positivas, entonces es más probable que desarrolles un pensamiento positivo. Sin embargo, si te rodeas de ambientes negativos y personas tóxicas, entonces es más probable que desarrolles pensamientos y sentimientos negativos. ¿Alguna vez te has sentado allí y te has sentido tenso sin razón, o aparentemente sin razón? Quizás acabas de aceptar que eres una persona tensa y que te es imposible relajarte. Esto se debe a que te has acostumbrado a la toxicidad en tu vida. La toxicidad proviene de todas partes y de casi todo, si no tienes cuidado. Puede tener una relación tóxica, alquilarle a un propietario tóxico, trabajar para un empleador tóxico o ser el mejor amigo de una persona tóxica. Sea lo que sea, debe determinar si se encuentra en una situación tóxica y comenzar a hacer los arreglos para retirarse de él.

Aquí hay siete acciones que puede tomar para eliminar la toxicidad en su vida:

1. Analiza tu situación

Analice sus circunstancias para encontrar la raíz de la toxicidad. Por ejemplo, averigua cuándo fue la última vez que te sentiste en paz, incluso si fue por un solo momento. ¿Fue en la casa de tu madre? ¿Qué estabas pensando en este momento? ¿Dónde está tu lugar feliz? ¿Cómo te sientes la armonía interior? Entonces, averigua en tu situación de dónde estás en tu vida en este momento, ¿qué falta para tener esta paz interior? Si la negatividad proviene de la persona con la que está viviendo, descubra qué tiene de negativa esa persona y cómo puede liberarse de ella. Si la negatividad se debe a que estás tenso o estresado por tu arrendador, entonces descubre cómo puedes liberarte de su apego a ti o de tu apego a ellos. Cualquiera que sea la toxicidad, debe tomar medidas de inmediato. La postergación solo traerá más miedo a la toxicidad.

2. Reemplace las cosas negativas con cosas positivas

Cuando haya identificado las situaciones tóxicas en su vida, es hora de reemplazar estas circunstancias negativas por otras positivas. Por ejemplo, si te sientes estresado en casa y es difícil sentir alivio, entonces hazte un hábito salir a correr o hacer algo gratificante para ti todos los días. Puede ser obtener su café favorito o ir a su parque para perros o playa favoritos. Si su círculo social le produce toxicidad, entonces es hora de conectarse y conocer a más personas. Si conocer gente es difícil para ti, entonces recuerda que conocer las influencias positivas te ayudará a encontrar la sensación de estar en encontrar quién eres y qué quieres ser. Intenta ver el vaso medio lleno, en lugar de medio vacío. Tal vez sea su lugar de trabajo donde se sienta más estresado, si es así, comience a buscar un trabajo diferente o haga pasatiempos después del trabajo que satisfagan su deseo interior.

3. Encuentra tu propósito o un propósito

Encuentra positividad en tu vida, incluso si es pequeña. Si tus amigos no te apoyan en tus sueños o si pareces estar rodeado de personas egoístas que sientes que te "chupan la vida", entonces lo positivo es que no eres egoísta. Si crees que te están dando por sentado, entonces solo significa que tienes más empatía de la que te das crédito, y puedes simpatizar contigo mismo y con los demás para ver lo positivo. Cuando te despiertes, ten la bendición de que despertaste otro día y no estás en el hospital con una enfermedad. Cuando coma una buena comida, agradezca el hecho de que ha comido algo hoy. Muchas veces olvidamos que muchas otras personas sufren mucho más que nosotros. Olvidamos los beneficios que tenemos y damos por hecho incluso las cosas más pequeñas. Agradece que quisieras comprar y pudieras permitirte este libro; significa que quieres aprender y hacer grandes cambios. Cambia tu perspectiva y vive una vida llena de gratitud ya que algunas personas no obtienen este beneficio.

4. Encuentra tu pasión y tu deseo

La razón por la que la mayoría de las personas asume pensamientos negativos y las preocupaciones excesivas que surgen del pensamiento excesivo es que la mayoría de las personas no están viviendo una vida que merecen o aman. Si está trabajando en un entorno o incluso en un trabajo que odia, pero la razón por la que lo hace es porque paga las facturas, entonces no está viviendo una vida apasionada. Piensa en las cosas que haces con las que otras personas parecen luchar. ¿Eres bueno escribiendo? ¿Eres bueno en la comunicación? ¿Eres natural para hornear o cocinar? Lo que sea que sea excelente y no requiera ningún esfuerzo es la dirección que necesita para comenzar. Encontrar su pasión y esforzarse por ser mejor satisfará la autocompasión y se sentirá mejor, lo que resultará en la eliminación de la toxicidad. Cuando haces lo que amas, nada más importará porque es algo que puedes hacer y que anhelas.

5. Recompénsese a menudo

Es importante recompensarse, incluso por las cosas pequeñas, ya que libera dopamina. Cuando te despiertes y te sientas agradecido, reconoce este sentimiento y recompénsate con un simple: "Buen trabajo, me desperté sintiéndome agradecido por ... voy a seguir practicando esto". Estas conversaciones internas pueden fomentar niveles más altos de dopamina, lo que crea un hábito saludable para ser más positivo. Además, al recompensarse, disfrute tomando un descanso. Cuando la vida se vuelve demasiado estresante o sientes que pierdes el control, tómate un momento consciente para llevarte a un sentimiento o recuerdo feliz y abraza este momento como si nada más existiera o importara. Todo lo demás puede esperar porque lo más importante en este mundo es hacerte feliz. Cuando eres feliz, el mundo puede sonreír contigo. Realice una caminata por la naturaleza a menudo, ya que esto le permite a su cerebro disfrutar de las vistas y los olores de las sensaciones curativas naturales.

6. Estar bien con los errores

Recuerde que no habrá un cambio inmediato. El cambio ocurre para muchas personas, y cuanto más practiques, mejor serás. A veces, el cambio no es tan notable como nos gustaría. Por ejemplo, recuerdo haber sido negativo y no pensé que mejoraría. Empecé a cambiar mi vida y mi entorno. Desarrollé mejores hábitos alimenticios, comencé a caminar a paso ligero todos los días y traté de ser consciente de mis patrones de pensamiento durante todo el día. Cada vez que un pensamiento negativo aparecía en mi cabeza, lo notaba y lo desafiaba con verdad y reflexión. La situación en la que me encontraba no me estaba ayudando y no sentía que estuviera mejorando, así que me mudé y volví a desarrollar un sentido de hogar en mi propio lugar. No noté nada hasta que volví y visité a mi compañero de cuarto con el que vivía; estaban en el mismo patrón y me di cuenta de que era más fuerte y no pensaba en la forma en que solía vivir con ellos.

Como puede ver, el cambio puede no ser fácil, y puede pasar desapercibido, pero sucede. Todos tenemos días malos, así que en estos días, solo sea paciente con usted mismo y acepte que está bien tener uno, dos o tal vez incluso tres días malos seguidos. Acepte que los errores suceden, y el fracaso es la única forma de avanzar. No aprendemos de nuestros hábitos saludables, sino que aprendemos de cometer estos errores, ya que siempre nos enseña algo nuevo y nos recuerda por qué debemos desarrollar hábitos saludables.

7. Busque ayuda profesional

Cuando nada parece ir bien, sigues cometiendo errores y sientes que te has caído más abajo que cuando empezaste, a veces la ayuda profesional puede funcionar mejor. Los terapeutas, los médicos, los neurópatas y los asesores clínicos pueden orientarlo en la dirección correcta y brindarle técnicas útiles para afrontarlo y comenzar con la positividad. A menudo, la ansiedad u otros trastornos del estado de ánimo se apoderan de nuestras mentes, y se hace más difícil levantarnos y querer intentarlo todos los días. Entonces, quizás la raíz del problema no sean tus pensamientos, sino algo más profundo. Solo un profesional podrá despegarte y dirigirte hacia el camino que deseas.

La toxicidad es crucial para eliminar de nuestras vidas porque puede pesarnos y provocar más pensamientos negativos. Cuando no eliminamos o hacemos un esfuerzo para eliminar la toxicidad, no nos damos una oportunidad justa de tener éxito.

CAPÍTULO 7: CÓMO DEJAR DE PENSAR

CALMANDO TU MENTE

Calmar tu mente es una habilidad especial que requiere determinación, consistencia y paciencia. La razón por la cual es beneficioso calmar tu mente es porque tantos beneficios provienen de tener paz dentro de ti mismo. Cuando encuentre paz en el interior, será más fácil encontrar paz fuera de usted en cada situación y entorno con el que se encuentre. El objetivo detrás de la paz interior y una mente tranquila no es dejar de pensar, sino superar las barreras en las que tu mente te mantiene atrapado. Aquí hay cinco secretos para encontrar la paz interior y calmar la mente:

1. Escucha y observa el ruido mental que te traen tus pensamientos

Mire sus pensamientos sin etiquetarlos. Si aparece un pensamiento intrusivo e inquietante como: "Desearía ser lo suficientemente bueno" o "Quiero hacerme daño", entonces no lo juzgue ni lo etiquete como bueno, malo, aterrador, amenazante o algo negativo. Fíjate y deja que esté allí. No lo alejes ni lo evites. No pienses de dónde vino, pero acepta que está ahí. Cuando haces esto, debilita el poder que tus pensamientos tienen sobre ti y obtienes el control de ti mismo y de tus preocupaciones.

2. Desafía consciente y deliberadamente tus pensamientos

Esta técnica gira en torno a la terapia cognitiva conductual. Muchos psicólogos juran por este método porque significa que puede controlar o alterar sus pensamientos en otra dirección y crear nuevos patrones o hábitos de la forma en que interactúa con sus pensamientos. Retoma el control desafiándolos. Comienza preguntándote sobre tus pensamientos. Entonces, si piensas que no eres lo suficientemente bueno, pregúntate de dónde viene esto. ¿Estás saltando a conclusiones? ¿En cuál de las distorsiones cognitivas se encuentra este pensamiento? Luego, encuentra lo positivo. ¿Qué ha sucedido en tu vida que sientes que no eres lo suficientemente bueno? Encontrar la raíz del pensamiento de dónde viene realmente puede darte una idea de cómo recuperar el control porque puedes reemplazarlo con la verdad.

3. Concéntrate intencionalmente en tu respiración

Muchas veces, nos sentimos ansiosos, preocupados o activamos nuestros disparadores de "falsa alarma" porque no respiramos correctamente. Cierre los ojos y concéntrese en el origen de la respiración, el estómago, el pecho o la nariz. Luego, solo practica notar tu respiración sin cambiarla. Una vez que haya descubierto de dónde proviene su respiración y cómo está respirando, entonces puede concentrarse en tomar respiraciones profundas y largas. Cuente su inhalación hasta cinco segundos, manténgala presionada durante tres segundos y exhale durante cinco a siete segundos. Repita hasta que se sienta más tranquilo, luego vuelva a la respiración normal antes de volver a abrir los ojos.

4. Toca música que te relaje y motive

La música es uno de los mejores sanadores que existen. Cuando podemos relacionarnos con el cantante, se convierten en nuestro artista favorito y luego podemos sentirnos más relajados sabiendo que están cantando sobre lo que nos sentimos cómodos al relacionarnos. Si lo instrumental es lo tuyo, solo presta atención al ritmo y al ruido que hace. Cierra los ojos e intenta concentrarte en los ruidos de fondo que quizás no hayas notado antes. Intenta nombrar los instrumentos y memoriza la melodía.

5. Realiza ejercicio regularmente

Cuando hacemos ejercicio a diario, libera los químicos "sentirse bien" de los que hablamos anteriormente. Cuando se libera la dopamina, a nuestro cerebro le resulta más fácil producir más serotonina, lo que nos hace felices. Cuando somos felices, no nos sentimos tan estresados y nuestros pensamientos no se vuelven tan abrumadores o abrumadores. La idea es trabajar nuestros cuerpos físicamente, para que nuestras mentes no tengan la energía para pensar demasiado o crear charlas mentales.

Cuando pensamos demasiado, nos preocupamos excesivamente o pensamos negativamente todo el tiempo, la charla mental empeora y puede parecer imposible de solucionar. En la siguiente sección, analizaré técnicas sobre cómo reiniciar el cerebro.

REINICIO DEL CEREBRO

La mejor manera de superar el pensamiento negativo, la preocupación y el pensamiento excesivo es restablecer el cerebro. Primero, debe ser capaz de aceptar el cambio y superar los temores que los pensamientos le traen a la mente. En segundo lugar, debe estar dispuesto a aprender cómo cambiar su estado mental y su forma de pensar. Entonces, la pregunta más importante es: ¿Cómo hacemos esto? La mayor parte del proceso de "reinicio" es de lo que ya hemos hablado. Sin embargo, el objetivo de las otras técnicas era detener los patrones de pensamiento excesivo. Ahora, la razón principal por la que la mayoría de las personas tiene una mente hiperactiva es que hay mucha más información para procesar en la sociedad actual en comparación con hace tres décadas. Hoy tenemos redes sociales, tecnología y mucha información nueva con la que estamos interpretando e interactuando a diario.

Cuando lea estas próximas técnicas sobre cómo reiniciar su cerebro, piense en el objetivo mientras aprende a restablecer la mente, no en cómo detener o disminuir sus pensamientos.

1. Detener la multitarea

Aunque la multitarea puede ser algo bueno, esta es una de las razones por las que nuestro cerebro funciona a toda marcha. Cuando tratamos de concentrarnos, pensar o hacer muchas cosas a la vez, significa que nuestros cerebros están cambiando el enfoque de una cosa a la siguiente, y luego a la siguiente. Esta forma de pensar en realidad debilita la capacidad de hacer múltiples cosas a la vez. Por ejemplo, cuando limpia su casa, ¿encuentra que comienza con los platos, luego pasa a pasar la aspiradora antes de que los platos estén listos, luego continúa limpiando los mostradores y se encuentra barriendo o trapeando el piso dos veces? Puede descubrir que después de todo ese trabajo, está más agotado, pero cuando mira a su alrededor todavía tiene ropa o más platos que hacer, y parece que no hizo nada. Este es el efecto de la multitarea.

La multitarea crea períodos de atención más cortos y una mente distraída, también conocida como el "cerebro de mono" o el "efecto ardilla". Para detener la multitarea, intente enfocarse en una cosa a la vez y asegúrese de no pasar a la siguiente. hasta que se complete esa tarea.

2. Concéntrate en una sola cosa a la vez

El autor del libro titulado The Organized Mind: Thinking Straight in the Age of Information Overload, Daniel Levitin, promueve la inmersión deliberada. Inmersión deliberada significa que dividimos nuestras tareas o deberes en intervalos de tiempo de no más de 30-50 minutos a la vez sin otras distracciones. Daniel Levitin dice que hay dos modos de atención que componen nuestros cerebros: las redes de tareas positivas y las de tareas negativas. La red de tareas positivas es la capacidad de completar tareas sin distracciones del mundo exterior o del entorno que te rodea, como la televisión, las conversaciones con las personas que amas en el hogar o el teléfono que te distrae con las redes sociales y lo que está sucediendo. fuera de la casa. La red de tareas negativas es cuando tu mente está activamente soñando despierta o errante, sin enfocarse en la tarea en cuestión. Significa que está ocupado pensando en otras cosas mientras intenta completar una tarea. La red de tareas negativas es el origen de la creatividad y la inspiración. Luego, tenemos un "filtro de atención", que es responsable de cambiar entre los dos modos. Nos ayuda a mantenernos organizados y nos permite mantener el enfoque en el modo actual en el que nos encontramos, lo que nos permite completar la tarea que estamos haciendo.

3. "Filtro de atención"

En resumen, lo que dice Daniel Levitin es que si quieres ser más productivo de manera creativa, debes reservar un tiempo para tus tareas sociales cuando intentas completar una tarea centrada o atenta. Esto significa que siempre hay un momento y un lugar para cosas como actualizaciones de estado, Twitter, mensajes de texto, dónde dejó su billetera o cómo conciliar una discusión con un cónyuge o amigo. Cuando dejas de lado los aspectos sociales a un período de tiempo designado del día, estarás menos distraído y harás más cosas, lo cual es una excelente manera de reiniciar el cerebro cuando te enfocas en UNA sola cosa. El momento para la creación de redes de tareas negativas (soñar despierto y deambular por la mente o pensar profundamente) es cuando realiza caminatas por la naturaleza, escucha música mientras revisa los estados sociales y se baña con aromaterapia mientras posiblemente lee un libro. Cuando implementamos la mente errante con estas actividades, en realidad restablece nuestros cerebros y proporciona perspectivas diferentes y más saludables sobre lo que estamos haciendo o vamos a hacer.

LOS CUATRO PASOS PARA LA ATENCIÓN PLENA

La atención plena es un excelente método para restablecer el cerebro en el momento. Entonces, cuando te encuentres teniendo momentos de "ardilla" o tengas dificultades para apagar la "mente de mono", regresa a la atención plena. La atención plena ayuda con técnicas de relajación más profundas, como la meditación, el sueño y la concentración. Entonces, aquí están los cuatro pasos para practicar la atención plena de manera efectiva:

Re etiquetar

Re etiquetar consiste en dar un paso atrás y abordar el pensamiento, sentimiento o comportamiento. Pregúntese a qué distorsión cognitiva pertenece este pensamiento. ¿A qué sentimiento puedes unir este pensamiento? ¿Qué te hace querer hacer este pensamiento y sentimiento? ¿Por qué? Cuando identifique estos mensajes, podrá comprender mejor de dónde provienen y saber cuándo son "falsas alarmas".

Retribuir

Una vez que haya completado la identificación del mensaje que su pensamiento, sentimiento o comportamiento trae a la superficie, debe reasignar el pensamiento a una perspectiva diferente. Averigua qué tan importante es el pensamiento. Si es importante o repetitivo, agregue una nueva definición detrás de él y véalo de otra manera.

Reenfoque

Una vez que haya abordado el pensamiento, lo separó, agregó significado y cambió su percepción, cambie su enfoque. El punto de esto es no quedarse atrapado pensando en esto por mucho tiempo, ya que es por eso por lo que su cerebro se vuelve hiperactivo y disperso. Es cuando cambias intencionalmente tu enfoque a otra cosa que reconecta y restablece tu cerebro.

Revalorizar

La revalorización ocurre cuando dominas los otros tres pasos. Sucede casi instantáneamente con el tiempo. Revaluar significa que puedes ver pensamientos, impulsos e impulsos por lo que son. Cuando vea estas cosas tal como son, habrá reiniciado su cerebro para configurar y colocar sus pensamientos en las "ranuras cerebrales" correctas. Su cerebro podrá descifrar automáticamente si un pensamiento o mensaje es beneficioso o destructivo.

En resumen, la forma más fácil de reiniciar el cerebro es detener la multitarea, darse cuenta cuando está procesando o asumiendo demasiadas tareas o demasiada información, cambiar el pensamiento sobre las cosas a distracciones saludables, tener en cuenta sus pensamientos y practicar enfocar su atención a una cosa a la vez.

PARÁLISIS DE ANÁLISIS

Me gusta pensar en esto en relación con la respuesta de "huir, luchar, congelarse": la parálisis del análisis es la reacción de congelación. Esto es cuando una persona se ve tan atrapada en sus propios pensamientos sobre qué hacer con una solución a un problema que no puede determinar qué solución elegir, por lo que no hace nada. La parálisis del análisis proviene de las habilidades de toma de decisiones. El psicólogo estadounidense Herbert Simon dice que tomamos decisiones de dos maneras:

Satisfacer

Esto significa que las personas eligen una opción que mejor se adapte a sus necesidades o atención.

Maximizar

Esto significa que las personas no pueden estar satisfechas con una decisión, sino que inventan varias soluciones y siempre piensan que hay mejores alternativas que su decisión original.

Los maximizadores son los que más sufren con parálisis de análisis. Las personas piensan demasiado porque temen sus posibles errores y evitan la posibilidad de fracasar. La parálisis de análisis es una palabra elegante para pensar demasiado, combinada con la incapacidad de tomar decisiones.

SUPERAR LA PARÁLISIS DE ANÁLISIS

Dado que la parálisis del análisis se deriva de la incapacidad de tomar decisiones efectivas y rápidas, la forma de superarla es simplemente trabajar en sus habilidades para tomar decisiones. Así que aquí hay maneras de despegarse cuando haya desarrollado el pensamiento excesivo hasta el punto de parálisis de análisis:

1. Prioriza tus decisiones

Divide tus decisiones en categorías, lo que significa averiguar qué decisiones son grandes y cuáles son pequeñas. Cuáles son importantes y qué decisiones no necesitan mucha atención. Al determinar qué decisión poner en qué categoría, hágase estas preguntas:

- ¿Qué tan importante es esta decisión?

- ¿Qué tan inmediata es la decisión que debo tomar?

- ¿Esta decisión tendrá un impacto grande o pequeño en lo que sucederá después?

- ¿Cuáles son los mejores y peores escenarios basados en las soluciones que se me ocurrieron?

Cuando clasificamos nuestras decisiones, es más fácil apegarnos a nuestra decisión final sin cambiar de opinión más adelante.

2. Encuentre el "objetivo final" como parte de su solución

Cuando estás atrapado preguntándote por qué necesitas tomar una decisión, puedes quedarte atrapado en la trampa de análisis y parálisis. Nuestras decisiones pueden girar en torno a muchos otros pensamientos, como "¿Qué pasa si tomo la decisión equivocada?" O "Hay tantas cosas que puedo hacer, pero ¿cuál es la decisión correcta?" Si no sabe por qué necesita tomar una decisión es su caso, entonces definir la meta u objetivo puede ser una mejor manera de ver la decisión que necesita tomar. Por ejemplo, imagine que está atrapado entre elegir entre dos trabajos, ya tiene una carrera en la que tiene éxito, pero quiere algo nuevo y no está seguro de por qué necesita tomar una decisión o incluso si debería hacerlo. Pregúntese cuál es el objetivo: ¿dónde imagina que debería o estará dentro de cinco a diez años? Cuando nos fijamos en el "objetivo final", puede ser más fácil averiguar qué debe hacer.

3. Divide las decisiones en porciones más pequeñas

Esta técnica es como lo opuesto a la última técnica. Todavía está mirando el "objetivo final", pero en lugar de tomar una decisión basada en el objetivo final, está rompiendo su objetivo final en un objetivo más pequeño. Luego, puede dividir sus decisiones en decisiones más pequeñas para completar los "mini objetivos". Si bien esto todavía es una toma de decisiones, asegúrese de que cuando llegue a una decisión final, se adhiera a ella. Si todavía tiene dificultades para decidir, anote sus decisiones en papel y presente no más de tres a cinco decisiones. Eventualmente, cuanto más lo haga, la lista se volverá más pequeña cada vez y solo tomará una decisión. Cuál es un objetivo dentro de sí mismo: superar la parálisis del análisis.

4. Obtenga una segunda opinión

Si todavía está atascado después de haber hecho su lista y todavía está pensando demasiado en las muchas cosas que puede hacer, elija dos soluciones principales y llévelas a un administrador. Al hacer esto, suelta todos los juicios dentro de ti. Deja ir el control y el perfeccionismo. Confíe únicamente en la opinión de esta otra persona, y si le dan consejos sobre una decisión de la que todavía no está seguro o al final no ha elegido, entonces recuerde que acudió a ellos porque estaba luchando y confía en ellos. Pregúntese cuántas veces pudo haber tenido razón esta persona cuando fue en contra de ella. Además, dite a ti mismo que necesitas dejar de lado el miedo a que algo malo suceda. Una cita que ha tenido un gran impacto para mí y para las personas en mi vida es esta: "Locura: hacer lo mismo una y otra vez y esperar resultados diferentes". [5] En otras palabras, si continúa haciendo lo mismo pero espera algo diferente, entonces el cambio nunca sucederá.

Miedo

Una gran parte de este libro dice que pensar demasiado, preocuparse y pensar negativamente giran en torno a una cosa: el miedo. Miedo a perder el control, miedo a cometer un error o fallar, miedo a tomar una decisión, o simplemente un miedo general. El miedo se aprende y se puede resolver con autodisciplina y terapia de exposición. El miedo es paralizante y en realidad puede impedir que alguien haga lo que quiere y hacer que las personas pierdan oportunidades exitosas. El miedo es la respuesta número uno a las preocupaciones excesivas y a pensar demasiado en el cerebro. Para sentirse completamente en control de nuestros pensamientos y acciones, es mejor superar nuestros miedos.

Aquí hay algunas técnicas para superar el miedo:

1. Reconoce que el miedo (no importa cuán grande o pequeño) sea real

Cuando las personas tienen miedo o están ansiosas por algo específico o una variedad de cosas, el miedo es real para ellos. El miedo a menudo es algo bueno; significa que nuestros instintos humanos funcionan correctamente. Por ejemplo, una mujer que camina sola a casa después del trabajo en la oscuridad debería tener preocupaciones o temores de caminar sola en la oscuridad. El primer día de escuela de un niño puede ser preocupante y temeroso, así como un niño o estudiante que ingresa a una nueva escuela a mediados de año. Un hombre que tiene que someterse a una cirugía en su cerebro u otro órgano funcional o alguien que necesita ir al dentista temen el potencial de un mal resultado. Todos estos son miedos que deberían estar ahí. Sin embargo, el miedo a los payasos, los espacios pequeños, los vuelos o las alturas son miedos irracionales o miedos que se han aprendido. Lo que sea que alguien teme es real para ellos y debe ser visto con aprecio y nunca obligado a superarlo. Los miedos no pueden superarse a menos que la persona esté dispuesta a enfrentarlos.

2. Acepta tu miedo

Acepta que tienes este miedo. Esto podría ser tan grande como comenzar un nuevo trabajo, conocer gente nueva, mudarse a un nuevo pueblo o ciudad o convertirse en padre. O podría ser tan pequeño como una araña que corre a través de tus pies, ruidos extraños y crujientes en tu nueva casa, alguien que te asusta o que conduce. Sea lo que sea lo que te haga temer, acepta que este es el miedo que tienes, no lo ignores, lo evites o lo niegues. Está ahí y lo temes.

3. Descomponerlo

Adquiere cierta perspectiva sobre tu miedo. Pregúntese:

- ¿Qué riesgo corres?

- ¿Tener este miedo puede realmente lastimarte?

- Si tu miedo se hizo realidad, ¿qué pasaría?

- ¿Cuál es el mejor y el peor de los casos si este miedo estuviera frente a ti ahora?

A veces los miedos son irracionales y hacen que muchas personas piensen demasiado. Otras veces, pensar demasiado hace que surjan nuevos temores. Entonces, una vez que te hayas hecho esas preguntas, haz algunas más:

- Si el escenario sucediera (el peor de los casos), ¿qué podría hacer al respecto?

- ¿Subestimas tu habilidad para manejar la situación?

- Si sucediera el escenario (el mejor de los casos), ¿qué podría hacer al respecto?

- ¿Sobreestimas tu habilidad para manejar la situación?

Muchas veces las personas comparten los mismos miedos. Así que encuentra a alguien con quien puedas compartir tus miedos y esfuérzate por superarlos juntos. Cuando compartes los mismos miedos que otra persona, sientes un sentido de pertenencia ya que no estás solo en estos miedos.

4. Ceder ante el miedo, asumiendo lo peor

La mejor manera de superar sus miedos es enfrentarlos o prestarles atención. Por un tiempo tuve ansiedad por salir en público. Entonces, cuando me enfrentaba a una situación pública, como ir de compras, me abrumaba y los síntomas físicos del miedo aparecían, como un ataque de pánico. Cuando salía en público intencionalmente, primero miraba mis pensamientos, y si eran negativos, los desafiaba y los reemplazaba por otros mejores. Cuando mi miedo se volvía abrumador, me iba a casa, pero intentaba nuevamente cuando me calmaba, generalmente al día siguiente. No dejé que el miedo tomara el control porque seguía luchando. Esto también se llama terapia de exposición.

Terapia de exposición

La terapia de exposición no funciona para todos, sin embargo, cuando te dedicas a seguir intentándolo incluso cuando el miedo se apodera, lograrás superar lo que temes. La terapia de exposición es lo que un psicólogo presentará a alguien que sufre un trastorno de pánico o algún otro trastorno del estado de ánimo.

Es un tipo de terapia que ayuda a las personas con trastornos del estado de ánimo a enfrentar sus miedos irracionales. Sin embargo, no necesita tener una discapacidad si desea utilizar la terapia de exposición, ya que funciona para cualquier persona que esté dispuesta a aprender. Existen diferentes tipos de terapias de exposición que incluyen:

Exposición imaginal

Para sentarse con un amigo de confianza o un psicólogo y dejar que lo guíen visualmente con su objeto, situación o actividad temida. Por ejemplo, alguien con trastorno de estrés postraumático pasaría por una visualización guiada de las cosas que les habían sucedido girando en torno a su miedo del pasado. Con el tiempo, su miedo no los afecta tan mal.

Exposición de realidad virtual

Cuando otras exposiciones no son prácticas o útiles, esto es cuando se utiliza la realidad virtual. Por ejemplo, alguien que teme volar puede tomar una visualización virtual o guiada de volar. Este mundo virtual lleva a la persona al mundo real de volar, sin volar realmente, experimentando las vistas, los sonidos, los olores y la textura de su entorno.

Exposición interoceptiva

Sensaciones físicas intencionales de la sensación temida. Por ejemplo, alguien con trastorno de pánico puede tener un miedo más intenso cuando se siente mareado por un ataque de pánico. Se les puede indicar que giren en círculos para exagerar los efectos, luego intenten ponerse de pie, mantener el equilibrio o sentarse. Esto es para que entiendan que los efectos físicos no son tan aterradores cuando sucede porque pueden implementar los mismos sentimientos ellos mismos.

La terapia de exposición ayuda a las personas a superar sus miedos porque se desarrolla y reconecta el cerebro para hacer diferentes conexiones. Cuando las personas crean o enfrentan su miedo intencionalmente, el miedo solo se convierte en un recuerdo lejano y, por lo tanto, no tiene control sobre la persona.

CAPÍTULO 8: CÓMO DEJAR DE PREOCUPARSE, LA ANSIEDAD Y LAS EMOCIONES NEGATIVAS

Usted ha identificado que es un pensador excesivo, entonces, ¿qué puede hacer al respecto?

Desafortunadamente, no hay un interruptor en su cerebro en el que pueda hacer clic y apagarlo cuando lo desee, pero hay una variedad de técnicas que puede usar para reducir o incluso eliminar el pensamiento excesivo que, con suerte, reducirá su ansiedad. Sin embargo, estas no son soluciones rápidas y pueden requerir algo de práctica antes de que comience a notar una diferencia.

Comienza a tomar pequeñas decisiones y sigue tu instinto

Cuando mi amigo me envía un mensaje de texto para preguntarme dónde quiero ir a almorzar, no tengo que mirar cada café, pub y restaurante. Nos quedamos en el área local, así que conocemos todos los buenos lugares. Todo lo que tengo que decidir es si quiero conducir, qué tan lejos y qué ganas tengo de comer. Para reducir mi pensamiento excesivo, dejé de dudar de mí mismo. Me dije a mí mismo que mi amiga me había preguntado qué me gustaría hacer y, por lo tanto, no me preocuparía por ella. Si tuviera un lugar en particular en mente, entonces lo habría sugerido.

Al comenzar a tomar estas pequeñas decisiones rápidamente, comencé a darme cuenta de que no tenía consecuencias devastadoras; Sí, ocasionalmente elegí un lugar que tenía un servicio lento o la comida no era muy buena, pero ¿y qué? No pasó nada catastrófico, mi amigo sigue siendo mi amigo. Eventualmente, también se hizo más fácil tomar decisiones más grandes sin tener que preocuparse por ello.

Opciones de límite

Internet puede ser la pesadilla de un pensador excesivo. El mundo en el que vivimos hoy significa que tenemos muchas opciones, lo que puede hacer que sea casi imposible tomar una decisión cuando luchas por hacerlo de todos modos.

Sin embargo, NO tiene que mirar cada variación de un solo elemento. Por ejemplo, si necesita un regalo para alguien, no necesita mirar un millón de productos, así como sus comentarios en cientos de sitios web diferentes. En su lugar, intente elegir un regalo que desee obtener, decida si desea comprar en línea o en una tienda y luego simplemente busque dos o tres diferentes y mire las reseñas.

Mirar al panorama general

Los pensadores excesivos tienden a enfocarse y preocuparse por todo, desde dinero y facturas hasta si las personas están hablando de ellos a sus espaldas o si se han avergonzado a sí mismos en una determinada situación. Para la persona que piensa estos pensamientos, son preocupaciones importantes, pero ¿lo son realmente?

Cuando te encuentres pensando demasiado en algo, haz una pausa, respira hondo y pregúntate; "¿Esto me importará dentro de tres años, tres meses, tres semanas o incluso tres días?" Lo más probable es que no lo haga.

Distinga entre las pequeñas decisiones que no tienen otras consecuencias que no sean una leve vergüenza, como elegir un restaurante malo para aquellos que pueden tener consecuencias más grandes, como tal vez pintar sus paredes de un color terrible para aquellos que podrían tener consecuencias aún mayores, como fallar un examen. Luego mira los resultados de manera realista. Seamos honestos, rara vez algo tiene consecuencias que cambien la vida; así que eliges un mal restaurante, de acuerdo, estás avergonzado, tus amigos podrían molestarte, pero ¿y qué? Nadie más está pensando en eso excepto tú. ¿Pintas tus paredes de un color terrible? Y qué, puedes volver a pintarlos eventualmente. De acuerdo, ¿reprobaste un examen? Entonces, ¿qué? Probablemente pueda reubicarlo o mejorar su calificación mejorando en el próximo conjunto de tareas o exámenes. Una vez que miras la imagen más grande, te das cuenta de que no vale la pena preocuparse.

Deja de luchar por la perfección. Lamentablemente, la vida no es perfecta y nosotros tampoco somos humanos. Esfuércese siempre por dar el cien por ciento en lo que sea que haga y siempre trate de hacer lo mejor que pueda, pero si las cosas no salen bien, siempre que lo que haya hecho sea "lo suficientemente bueno", entonces siéntase orgulloso.

Aprende de tus errores

Si siente que manejó mal una situación, puede pensar constantemente una y otra vez en cómo podría haberlo hecho mejor, pero al final del día no puede retroceder en el tiempo y cambiarlo. Tendrá que lidiar con las consecuencias independientemente de si pasa cinco minutos o cinco días pensando en ello. En lugar de castigarte por ello, piensa en lo que podrías haber hecho de manera diferente si terminaras en una situación similar y luego sigue adelante. Puede sonar aterrador, pero realmente cuál es la alternativa; ¿Es mejor tomar una decisión equivocada que nunca tomar una decisión o nunca presentar una opinión en caso de que alguien no esté de acuerdo con usted?

Haga que su pensamiento excesivo sea productivo

Anteriormente dije que pensar demasiado no nos lleva a ninguna parte porque pasamos tanto tiempo pensando y preocupándonos por nuestras acciones que realmente no hacemos nada.

Sin embargo, la preocupación puede motivarlo a tomar medidas si la usamos para nuestro beneficio y aquí es donde podemos distinguir entre preocupación productiva e improductiva.

Imagina que tienes un examen. Te encuentras sentado en el sofá pensando en ello constantemente, te sientes enfermo y no puedes dejar de pensar qué pasa si fallas o si no puedes responder ninguna pregunta. Estos pensamientos te hacen saltar a la acción; haces un cronograma de estudio, pegas tus publicaciones en la casa con información clave, haces una lista de los temas de los que no estás seguro y los revisas primero, le pides a alguien que te haga un cuestionario y te haga pruebas simuladas. Cuando ingrese a su examen, aún puede estar preocupado, pero sabe que ha hecho todo lo posible para prepararse. Esto es productivo preocupante; pensando en un problema y tomando medidas para resolverlo.

Usando el ejemplo anterior, la preocupación improductiva continuaría sentándose en el sofá y pensando en lo poco preparado que está, cuánto odia los exámenes, va a fallar, no es lo suficientemente inteligente, no sabe nada, etc. . Este miedo al fracaso te paraliza y terminas sin hacer nada. Entras en tu examen sin preparación y continúas teniendo estos pensamientos negativos durante el examen. Esta es una preocupación improductiva; te enfocaste en el problema pero no hiciste nada al respecto.

La preocupación claramente improductiva es solo una pérdida de tiempo, así que cuando te encuentres pensando en algo, comienza a tomar medidas para resolver la situación en lugar de enterrar la cabeza en la arena.

Dedique tiempo a la preocupación

En lugar de pasar sus horas pensando constantemente en "qué pasa si", programe una hora en su día para preocuparse y ponga un límite de tiempo. Esto puede sonar un poco tonto, pero en realidad es sensato pensar mientras sea productivo. Esto puede ser veinte minutos por la mañana o después del trabajo. Si viaja al trabajo en transporte público, entonces este puede ser un buen momento para hacerlo. Para otros, les ayuda tener su tiempo de preocupación un par de horas antes de acostarse, esto les da tiempo para sacarlo de su cabeza y relajarse antes de intentar dormir.

El truco para esto es no establecer un límite de tiempo demasiado alto también. Si es que estás pensando en lo que pudiste haber hecho la noche anterior cuando estabas en un bar con tus amigos, entonces dite con firmeza: "Pensaré en esto (a la hora que decidas que funciona para ti) durante veinte minutos". Esto suele ser un problema que a medida que avanza el día se convierte en un problema menor si no está pensando en ello. No garantiza horas y horas en él. Si está pensando demasiado en una idea de regalo para alguien, es posible que desee un poco más, ya que esto le dará tiempo para comenzar a buscar ideas en Internet.

Sea cual sea el límite de tiempo que establezca, sea estricto consigo mismo. Una vez que haya terminado, levántate, quítatelo de la cabeza y encuentra algo diferente que hacer.

Escríbelo

A mi hijo le diagnosticaron un trastorno de ansiedad y se le sugirió que anotara sus miedos y los pusiera dentro de un monstruo de preocupación. Si no has visto estos, son pequeños peluches con la boca abierta; el niño escribe en un papel lo que le preocupa y luego los empuja dentro de la boca. El monstruo "come" estos mientras el niño duerme. La idea es que una vez que las preocupaciones están en el papel, el niño puede sacarlas de su mente.

Parece funcionar y, aunque como adulto, es posible que no quieras un monstruo preocupado, la teoría de escribir tus pensamientos para que no tengas que pensarlos sigue siendo válida.

Ahora ten cuidado; hacer cientos de listas de tareas no es útil PERO tener un bolígrafo y un bloc de notas a mano para su "tiempo de reflexión" programado puede serlo. En lugar de dar vueltas en círculos repitiendo el mismo pensamiento en tu cabeza, simplemente escribe lo que te está molestando, cuáles podrían ser las consecuencias (realistas) y qué puedes hacer. Esto puede ser en forma de una lista, un diagrama de araña o una tabla; lo que sea que encuentres más fácil.

Una vez que se acabe el tiempo para pensar, deje a un lado su cuaderno o lo que sea que haya escrito sobre sus preocupaciones y déjelo hasta el día siguiente o al día siguiente. Esto puede ayudarlo a ver que sus preocupaciones no eran motivo de preocupación y la mayoría de las veces el problema se resuelve solo, si no tiene un plan de lo que puede hacer para alentarse a tomar medidas.

"Pero si pudiera resolver mis problemas, ¿no estaría pensando demasiado en ellos?" Puede ser excelente para llegar a las consecuencias, pero no a las soluciones. Si este es el caso, escriba una persona con la que pueda hablar y que pueda ayudar. Podría ser un colega o jefe si su problema está relacionado con el trabajo o podría ser un amigo o familiar si su problema es personal. Si no puede pensar en nadie, simplemente escriba "inseguro en este momento" o algo similar. El punto de este ejercicio sigue en pie; anótelo y póngalo fuera de su mente por un tiempo.

Tenga en cuenta que escribí las palabras "consecuencias realistas" y no solo "consecuencias". Esto se debe a que los pensadores excesivos tienden a pensar en lo que podría suceder lo peor en lugar de lo que sucederá de manera realista. Por ejemplo, supongamos que ha ido a una entrevista de trabajo y no cree que lo haya hecho muy bien. Puede pensar en consecuencias desastrosas como, no conseguí el trabajo, no tengo dinero, voy a perder mi casa y terminaré viviendo en las calles. ¿Esto realmente va a suceder en la próxima semana o incluso en el mes? Lo más probable es que solicites más trabajos y, aunque podrían no ser tan buenos como este, eventualmente obtendrás uno. Si está desempleado en este momento, generalmente puede llamar a las compañías y explicar su situación y obtener una extensión sobre cosas como sus facturas de electricidad, gas y teléfono, etc. Puede llamar al banco o al propietario y obtener una extensión de su alquiler. Dependiendo de dónde viva, puede haber ayuda estatal. Si vives con alguien o tienes familiares cerca, pueden ayudarte; Sí, puede ser vergonzoso preguntar, pero si la alternativa realmente era vivir en la calle, pedir ayuda es sensato. Al observar las consecuencias realistas y lo que podemos hacer de manera realista para resolverlas, puede evitar que estas preocupaciones se vuelvan enormes e inmanejables.

Encuentra una distracción

Una vez que note que está pensando demasiado, es hora de hacer algo más para distraerse. Algunas personas encuentran que encender el televisor, leer o escuchar música puede ayudar con esto. Personalmente, encuentro que puedo desconectar por completo estas cosas si estoy en modo de pensamiento excesivo, pero lo que no funciona para una persona puede funcionar para otra, por lo que siempre vale la pena intentarlo.

Prefiero pasatiempos en los que he puesto toda mi concentración y pensamiento para completar, como rompecabezas, tejer, proyectos de punto de cruz o costura, construcción de modelos, etc. Una vez que esté absorto en la tarea en cuestión, no tendrá la oportunidad de comenzar a preocuparse por la fecha límite inminente o lo que la gente ha estado diciendo sobre usted en las puertas de la escuela durante un tiempo.

Si te encuentras acostado en la cama repasando los mismos pensamientos, ¡DEJA DE ESTO! No te acuestes en la cama durante más de quince minutos, no importa lo cansado que estés. Si te encuentras pensando demasiado y sabes que no vas a dormir, levántate, no importa lo difícil que se sienta. Ve a otra habitación y escribe los pensamientos que tienes en la cabeza o trata de leer un libro. Recuerda que no estás tratando de mantenerte despierto, así que trata de mantener la iluminación tenue. A veces, solo este acto de movernos cuando estamos cansados puede hacer que nuestras mentes giren.

Llegar a las manos

Como pensador excesivo, sé que puede ser muy difícil romper el ciclo simplemente encendiendo la televisión. Sin embargo, lo que sí ayuda a muchas personas es hacer una actividad física como correr, ir al gimnasio, nadar o hacer yoga, etc. Incluso salir de la casa a caminar quince minutos puede ayudarlo a concentrarse en algo más positivo. Al principio, es posible que todavía esté pensando, pero eventualmente puede comenzar a sintonizarse con su ser físico en lugar de con su mente.

Centrarse en el aquí y ahora

A veces podemos estar preocupados por el pasado o estresarnos sobre lo que puede deparar el futuro de que no nos concentremos en lo que está sucediendo en nuestras vidas en este momento presente. Si sales con amigos, esfuérzate por concentrarte y unirte a la conversación que te rodea. Si te encuentras pensando demasiado en casa, cambia de actividades para tratar de distraerte.

Intercambia la charla mental

Cuando nuestras mentes están hiperactivas, cuanto más tratas de no pensar, más difícil puede ser detenerte. Por lo tanto, en lugar de tratar de dejar de pensar por completo, simplemente cambia lo que está sucediendo en tu cabeza. Por ejemplo, por tonto que parezca, contar ovejas cuando intentas dormir puede ayudarte porque detiene tu pensamiento excesivo y te da algo diferente en lo que concentrarte. Enumerar números primos, contar hacia atrás desde un número en dos, tres o cuatro, revisar las tablas de multiplicar, enumerar países o nombres alfabéticamente también son buenas maneras de sintonizar su cerebro con otra cosa.

Se han realizado algunas investigaciones para ver los efectos en las personas que repiten la palabra 'el/la' una y otra vez y se cree que este tipo de repetición calma nuestras mentes y nos impide pensar demasiado, así que la próxima vez que tenga problemas para dormir , elige una palabra aleatoria y repítela una y otra vez, observando cómo cambian las letras y los sonidos a medida que te enfocas en ella.

CAPÍTULO 9: ESTRATEGIA PARA REDUCIR EL ESTRÉS Y LA ANSIEDAD

Para dejar de pensar demasiado, primero debes volver a entrenar tu cerebro. Afortunadamente, hay muchos ejercicios y actividades que puedes usar para cambiar la forma en que piensas.

Ahora que sabes un poco sobre pensar demasiado, y también sabes cuando estás a punto de caer en ese remolino profundo de infinitas emociones negativas, puedes comenzar a deshacerte de él por completo, y puedes comenzar desafiando tus pensamientos antes de que corran fuera de control.

Antes de que empieces

Estas son algunas de las cosas que necesita saber antes de comenzar a desafiar sus pensamientos negativos para que no se sorprenda ni se sienta abrumado con todo lo que está sucediendo.

Debe saber que desafiar sus pensamientos puede parecer poco natural, a veces incluso forzado al principio. Pero con un poco de práctica, comenzará a sentirse natural y creíble.

Para aumentar su confianza para el pensamiento desafiante, debe practicarlos en pensamientos que no sean tan molestos y que brinden un poco más de flexibilidad. También es una buena idea practicar esta técnica cuando todavía te sientes un poco neutral y no demasiado abrumado por tus pensamientos. Intentar practicar el pensamiento desafiante después de un día particularmente difícil y problemático sería pedir demasiado de ti mismo.

Las primeras veces que intente pensar que sería desafiante, sería mejor si anotara sus respuestas. A menudo, cuando los principiantes intentan hacerlo en sus cabezas, terminan con sus pensamientos dando vueltas en círculos, lo que hace que sus pensamientos sean aún más intensos, y puede hacer que se vuelvan demasiado pensativos.

Otro beneficio de tomar notas es que si aparece un pensamiento similar en el futuro, puede consultar sus notas y descubrir cómo reaccionó.

Puede practicar con un familiar o un amigo que sepa que no lo juzgará. Practicar con otra persona puede ayudarlo a arrojar luz sobre los puntos ciegos de su pensamiento, o pueden ofrecerle diferentes puntos de vista que podrían serle útiles.

Cuando practiques por primera vez el desafío del pensamiento, debes concentrarte en un solo pensamiento en lugar de una serie de ellos tan temprano en el juego. Por ejemplo, en lugar de pensar "Es bastante obvio que mis jefes pensaron que arruiné el proyecto", debes dividir tus pensamientos en oraciones más pequeñas y simples, y luego desafiar estos pensamientos uno por uno. Solo se confundirá si comienza a desafiar una pila de pensamientos al mismo tiempo.

Haga algo que lo distraiga una vez que termine de resolver un par de preguntas desafiantes. Esto le dará algo de tiempo para que su mente se calme.

Ahora que sabe lo que debe esperar, estos son algunos de los ejercicios de desafío de pensamiento más populares que puede probar ahora.

De un paso atrás y evalué la situación

Aquí hay un escenario que podrías haber experimentado: sientes como si tu jefe te estuviera ignorando constante e intencionalmente. Piensas que la razón por la cual tu jefe no te saludó esta mañana es porque de alguna manera arruinaste algo y está contemplando despedirte muy pronto. Por lo general, este tipo de pensamientos hará que tu mente piense demasiado y que pierdas el sueño, lo que hará que no seas tan eficiente en el trabajo, lo que te llevará a ser despedido; en resumen, los problemas de pensamiento excesivo los convierten en profecías auto cumplidas.

Por otro lado, si simplemente retrocedes y analizas tus pensamientos antes de que tu cerebro hiperactivo explote fuera de proporción, puedes controlarlo mejor. En el caso mencionado anteriormente, recuérdese a sí mismo que su jefe rara vez saluda a alguien en absoluto, y cualquier error que haya cometido durante los últimos días no es motivo para su despido. Luego, piense en lo que podría hacer para no ser despedido, como aumentar su productividad, o tal vez aprender una nueva habilidad que pueda ayudarlo a hacer mejor su trabajo.

En solo un par de minutos, ha descarrilado su tren de pensamiento negativo antes de que incluso tenga la oportunidad de ganar impulso.

Escríbelos todos

Otra forma de desafiar tus pensamientos negativos antes de que te hagan pensar demasiado es escribirlos todos en una hoja de papel. Cuando escribes las cosas que te molestan, les da una forma algo tangible, que en realidad te ayuda a volver a analizarlas de una manera más racional. Si desea llevar esto al siguiente nivel, puede comenzar a hacer un diario de pensamiento.

¿Qué es un diario/diario de pensamiento?

Un diario de pensamiento es diferente de la forma tradicional de escribir en un diario, tiene una estructura que debe seguir para que analizar sus pensamientos sea mucho más fácil. Por ejemplo, en un diario de pensamiento, no comienza una entrada con un "Querido diario" o cualquier otra forma, las entradas se parecen más a un libro de contabilidad.

Haces un diario de pensamientos haciendo un par de columnas en la página y luego las titulas de la siguiente manera:

Antecedente: estas son las cosas que lo activaron durante el día.

Creencias: estos son sus pensamientos sobre las cosas que enumeró en la primera columna.

Consecuencias: estas son las cosas que sucedieron debido a sus pensamientos.

Es por eso por lo que un diario de pensamiento se llama un diario ABC.

Aquí hay un ejemplo de cómo escribir una entrada en su diario de pensamiento. De repente comienza a preocuparse porque tiene una factura próxima que tiene que pagar, esta es su consecuencia. En la segunda columna, escribe que estaba preocupado porque es posible que no pueda cumplir con su fecha de vencimiento. En la sección de activación, podría escribir que estaba viendo las noticias de la noche cuando de repente recordó que tenía que pagar.

Después de un tiempo de escribir en su diario de pensamientos, puede comenzar a notar que los desencadenantes generalmente no están relacionados con los pensamientos que lo preocuparon. Los pensamientos simplemente ocurren, y los desencadenantes que los hicieron emerger podrían estar relacionados con ellos; los pensamientos son volubles de esa manera.

En la columna de consecuencias, puede escribir algo como: "Tomé una aspirina para deshacerme del dolor de cabeza que sentí que se avecinaba".

Todos los domingos por la noche puede revisar sus entradas y luego pensar en las cosas que podría haber hecho mejor. Por ejemplo, para la entrada anterior, en lugar de tomar una aspirina, podría haber caminado por el parque para aclarar su mente, o al menos podría haber comido una manzana o algo para que su dolor de cabeza no empeore. O puede llamar a su compañía de servicios públicos e informarles que puede estar un poco retrasado en el pago, pero estará pagando, y preguntar si es posible que renuncien a los cargos por pagos atrasados. Su diario de pensamientos lo ayudará a dar sentido a sus pensamientos confusos, colocándolos en papel para que pueda analizarlos fácilmente. Esta herramienta puede ayudarlo a comprender sus habilidades de afrontamiento menos que ideales y por qué termina tomando decisiones que conducen a consecuencias que no son realmente mejores para usted. Con la ayuda de un diario de pensamientos, puede cambiar sus consecuencias futuras al reafirmar y volver a analizar sus pensamientos pasados y hacer los ajustes necesarios.

Beneficios de un diario de pensamiento

Escribir en un diario / diario de pensamiento te ayuda a identificar las cosas que te llevan a pensar demasiado. Cuando escriba sus pensamientos, verá fácilmente si en realidad son preocupaciones legítimas o si son simplemente irracionales. Los diarios de pensamiento lo ayudan a recordar cómo se comportó durante el tiempo en que lo impulsaron a pensar demasiado, y con el tiempo comenzará a notar los patrones en la forma en que piensa.

Cuando reconozca sus patrones de pensamiento existentes, será posible que cambie no solo su comportamiento, sino también sus pensamientos. Cuando notas que los pensamientos malvados comienzan a aparecer, puedes practicar la atención plena (más sobre esto más adelante) y solo observarlos y reconocerlos para que desaparezcan. En realidad, no necesita comportarse de acuerdo con sus pensamientos, puede ignorarlos y continuar viviendo su propia vida. Es mucho mejor escribir "ignoré la idea de ..." en lugar de "fui al pub y bebí unas pintas para hacerme olvidar", y si notas que estás haciendo básicamente lo mismo casi todos los días día, entonces su diario de pensamiento está realmente funcionando.

Acostúmbrate a escribir un diario de pensamiento

Es muy recomendable que haga un hábito al escribir sus pensamientos utilizando el formato mencionado anteriormente. Puede usar una pequeña libreta, una pila de papeles, cualquier cosa sobre la que pueda escribir y mantener la confidencialidad. Nadie más aparte de usted y su terapeuta (si está viendo uno) debe saber acerca de la existencia de este diario; nadie más debería tener acceso a tus pensamientos internos.

Si no desea utilizar el método tradicional, también puede utilizar su teléfono inteligente o computadora portátil para crear un documento secreto. Poco a poco, con el tiempo, comenzará a notar cuándo está comenzando a convertirse en un pensamiento excesivo y luego se detendrá de continuar.

Las emociones negativas, como las que rompen tu confianza en pedazos, generalmente pueden conducir a la depresión clínica, te hacen sentir irracionalmente solo, sin esperanza, y te separarán por dentro. Escribir te ayuda a deshacerte de tus pensamientos autodestructivos. Es un arte que puede ayudarlo a compartir sus sentimientos más íntimos y sus pensamientos más profundos.

Escribir sus sentimientos en papel es una manera de expresar libremente sus puntos de vista y opiniones sobre las cosas que sucedieron durante el día y el efecto que tuvieron en su vida. No solo estás escribiendo palabras en papel, estás eliminando efectivamente todos estos pensamientos negativos de tu mente, y con ellos va toda esa negatividad que vino con ellos.

Obtén un pasatiempo

¿Siempre has querido aprender a tocar el piano, la guitarra, el ukelele o cualquier otro tipo de instrumento musical, por qué no intentas aprender hoy? ¿Quieres ser bueno dibujando, caligrafía o pintando? Asiste a clases o mira videos tutoriales en línea. También puedes jugar tus videojuegos favoritos durante una hora más o menos. Tener un pasatiempo no solo le brinda una salida creativa, sino que también le brinda una forma de crear algo con sus manos, también le permite pensar individualmente y, lo más importante, los pasatiempos le brindan un escape de sus pensamientos negativos.

Cada vez que sientas que tus pensamientos comienzan a abrumarte, saca tu kit de pasatiempo y sumérgete en la actividad. Piérdete en las habilidades, coordinación, concentración y repetición que tu hobby requiere que hagas. Centra tu mente en la comodidad o el desafío provocado por tu pasatiempo elegido, y permítele ahuyentar todas las preocupaciones que solían desencadenar tu pensamiento excesivo.

Medita para alejar tus preocupaciones

La meditación en realidad puede ayudarte a enfocar tu mente lejos de las cosas que te preocupan. De hecho, la meditación guiada puede ayudarlo a restablecer su mente, dejándolo sin carga y refrescado; listo para todos los desafíos que se te presenten.

La meditación es diferente de la atención plena; esta última es una técnica de improviso que puedes usar en cualquier lugar y en cualquier momento. La meditación, en el sentido más puro, debe practicarse en un ambiente tranquilo, silencioso y relajante tanto como sea posible.

Aquí hay un par de técnicas de meditación. Pruébalos y elige el que más te guste.

Respiración enfocada

La respiración es una de las acciones involuntarias del cuerpo, lo que significa que realmente no necesita ordenarle a su cuerpo que respire, simplemente sucede. Sin embargo, puede convertir su respiración en una forma de meditación simplemente notando cada respiración que toma.

En la meditación de respiración enfocada, tomas respiraciones largas, lentas y profundas; respiraciones tan profundas que también llenas tu abdomen de aire. Para practicar esta forma de meditación, desconecta su mente de todos los pensamientos y concentra toda su atención en su respiración. Esto es especialmente útil para cuando empiezas a notar que tus pensamientos comienzan a salirse de tu control.

Sin embargo, esta técnica podría no ser apropiada para quienes padecen enfermedades respiratorias, como asma y algunas enfermedades cardíacas.

2. Escaneo corporal

Hacer un escáner corporal no solo te hace sentir más relajado, sino que también ayuda a aumentar tu conciencia de tu mente y cuerpo. Sin embargo, si recientemente se sometió a una cirugía que tiene un efecto significativo en su imagen corporal, o si tiene un trastorno dismórfico corporal, esta técnica podría hacer más daño que bien.

Meditación Guiada

Esta técnica requiere que se te ocurran paisajes relajantes, lugares o experiencias que puedan ayudarte a relajarte mejor. Si tiene dificultades para pensar escenas para sus sesiones de meditación guiada, puede usar cualquiera de las muchas aplicaciones gratuitas disponibles en línea.

Las imágenes guiadas son geniales porque solo necesita seguir las instrucciones del instructor de voz suave y estará bien. Esta técnica es la mejor para aquellos que sufren de pensamientos intrusivos crónicos.

Meditación de atención plena

Como se mencionó anteriormente, esto es diferente de la meditación real. Esta práctica solo requiere que esté sentado cómodamente y luego se concentre en el presente sin dejarse llevar por sus inquietantes pensamientos sobre el pasado y el futuro. Actualmente, esta forma goza de una gran popularidad, principalmente porque puede ayudar a las personas que luchan contra la ansiedad, el dolor crónico y la depresión.

Yoga, Tai Chi o Qui Gong

Es posible que estas tres artes antiguas no parezcan similares, sin embargo, todas combinan la respiración rítmica con diferentes posturas y movimientos corporales. El hecho de que tenga que concentrarse en su respiración mientras realiza diferentes poses hace que estas actividades sean efectivas para distraer su mente de sus pensamientos negativos. Además, estos ejercicios también pueden ayudarlo a ganar más flexibilidad, equilibrio y fuerza central. Sin embargo, si tiene una afección debilitante o dolorosa que le impide hacer algo remotamente físico, entonces estas actividades podrían no ser adecuadas para usted. Sin embargo, aún puede preguntarle a su médico si puede practicar estos ejercicios, podría recomendarle un buen fisioterapeuta o gimnasio que realmente pueda ayudarlo. Ahora, si su médico cree que es una mala idea que haga estos ejercicios, preste atención a sus palabras y busque una solución en otra parte.

Oraciones/cantos repetitivos

Esta técnica es la mejor para aquellos que tienen períodos de atención relativamente cortos, tanto que tienen problemas para concentrarse en su respiración. Para esta técnica, recitas una oración corta, o incluso una o dos frases de una oración mientras te concentras en tu respiración. Este método podría ser más atractivo para usted si es religioso o si es una persona particularmente espiritual.

Si no es religioso, o no se suscribe a ninguna religión, puede hacerlo reemplazando las oraciones / cantos con afirmaciones positivas o líneas de su poema favorito.

Los expertos psicológicos aconsejan no solo elegir una técnica de la lista mencionada anteriormente. Es mucho mejor probar tantos como puedas y luego apegarte a los que consideres efectivos. También se recomienda que practique estas técnicas durante al menos 20 minutos al día para obtener mejores resultados, aunque incluso un par de minutos de práctica pueden ayudar. Sin embargo, cuanto más tiempo y más a menudo practiques estas técnicas, mayores serán los beneficios y la reducción del estrés.

CAPÍTULO 10: ABRAZAR LA ATENCION PLENA COMO UNA ALTERNATIVA EFICIENTE PARA PENSAR

Abrazando la atención plena

Cuando piensas demasiado, te desapegas del momento presente. Te vuelves felizmente inconsciente de dónde estás y de lo que estás haciendo, es como si estuvieras en piloto automático, pero la cuestión es que solo estás dando vueltas en círculos. Si eres un pensador excesivo crónico, debes encontrar una manera de liberarte de este círculo vicioso antes de que te absorba más profundamente, y aquí es donde la atención plena puede ayudarte.

En realidad, la práctica de la atención plena no es solo para sacarte de tu hábito de pensar demasiado, sino que también puede minimizar los tiempos en los que piensas demasiado e incluso eliminar por completo este mal hábito.

¿Qué es la atención plena?

Si es la primera vez que encuentra el término "atención plena", es similar a la meditación, pero al mismo tiempo también es diferente. Hay algunos conceptos que se comparten entre las dos prácticas, pero no son tantos. Ser consciente es ser consciente, pero no juzgar, de lo que está experimentando actualmente (incluidos sus pensamientos y emociones) en el momento presente. Estar consciente de ti mismo y de tu momento presente. Puede pensar que ya está naturalmente consciente de sí mismo, pero aprenderá que en realidad es una habilidad que aún no ha desarrollado.

La mayoría de las personas viven sus vidas de la forma en que sus mentes pensantes y egos las dictan. Algunos investigadores llaman a esta perspectiva inconsciente como la red de modo predeterminado de la persona, o DMN para abreviar. Su DMN filtra sus percepciones actuales en función de sus experiencias pasadas, hábitos recurrentes y todas y cada una de las creencias y / u opiniones que ha desarrollado en su vida; El problema aquí es que no discierne si la información que obtuvo es verdadera o no. Para ser consciente de la verdad de los pensamientos en su mente, necesita practicar la atención plena.

Las personas pasan la mayor parte de su tiempo viviendo como la voz que está dentro de sus cabezas, y esa voz está constantemente analizando y juzgando todo, y siempre está parloteando sobre cosas inútiles, y a menudo vienen con imágenes mentales que distraen para poder mantener su atención. en lugar de dejar que se den cuenta de lo que realmente está sucediendo a su alrededor.

La verdad es que todos están condicionados a estar siempre separados del presente. ¿Crees que eres mejor que la mayoría de la gente? Si lo crees, lo más probable es que no. Las personas que creen que no están condicionadas a actuar, pensar y decidir de acuerdo con sus hábitos y experiencias pasadas son las más propensas a pensar demasiado y a separarse del presente. Estas personas son felizmente inconscientes de su condicionamiento, lo que los lleva a vivir una vida "inconsciente".

¿Qué es la atención plena?

La atención plena es la capacidad de una persona para estar completamente presente en el momento; es estar consciente de dónde estás y qué estás haciendo actualmente, pero también no ser demasiado reactivo o fácilmente abrumado por las cosas que están sucediendo a tu alrededor. Y aunque la atención plena es algo que está naturalmente dentro de cada persona, se vuelve más efectiva cuando se practica todos los días.

Cuando te das cuenta de lo que estás experimentando, usando tus sentidos, o de tu estado mental al analizar tus pensamientos y sentimientos, estás siendo consciente. En realidad, hay una gran cantidad de investigaciones médicas que muestran que con un entrenamiento constante de atención plena, en realidad está remodelando la estructura física de su cerebro.

Con esto en mente (perdón por el juego de palabras), el objetivo de la atención plena es tomar conciencia de las complejidades de sus procesos mentales, emocionales y físicos. Básicamente, estás aprendiendo más sobre ti.

¿Qué es la meditación?

Cuando meditas, dejas que tu mente divague; no hay un destino fijo, no hay líneas de meta que le digan cuándo detenerse, simplemente vaya a donde quiera ir. Sin que muchos lo sepan, meditar no significa que su cerebro estará desprovisto de pensamientos, no elimina por completo las distracciones, no lo convierte en un vaso vacío. Meditar es como ir a un lugar especial donde cada segundo de cada momento recibe un tratamiento especial. Cuando estás meditando, te adentras en el funcionamiento más interno de tu mente, estás más en contacto con tus sentidos (notas el aire que sopla en tu piel, obtienes un montón de flores en el manto, etc.), tus emociones (te encanta sentirte de esta manera, o lo odias, anhelas algo, etc.), y con tus pensamientos (aquí es donde notas tus pensamientos irracionales que desencadenan el pensamiento excesivo).

La atención plena solo te pide que suspendas el juicio y, por una vez, sientas curiosidad sobre cómo funciona tu mente; y lo haces con amabilidad, tanto para ti mismo como para los demás.

Lo que la atención plena NO es

Antes de comenzar a aprender más sobre la práctica de la atención plena, debe obtener los registros al respecto. Aquí hay cinco cosas que la gente generalmente se equivoca acerca de la atención plena:

1. La atención plena no te "arreglará"

Si padece alguna forma de enfermedad mental, tenga en cuenta que la atención plena no puede curarlo, ni pretende hacerlo. La atención plena solo puede ayudarlo a lidiar con los síntomas, pero no puede solucionar la dolencia subyacente.

2. La atención plena no se trata de detener tus pensamientos o despejar tu mente

Cuando practicas la atención plena, no estás apagando tu cerebro. No estás vaciando tu mente de todo pensamiento. De hecho, solo estás reconociendo todos los pensamientos no deseados en tu mente para que puedan irse solos. Cuando terminas de meditar, tus pensamientos aún están en tu cabeza, pero no te molestarán tanto, y la mayoría de ellos están saliendo.

3. La atención plena no pertenece a ninguna religión o secta

Cualquiera puede practicar la atención plena. Cristianos, musulmanes, incluso ateos, todos pueden practicar la atención plena. Ninguna religión dice tener derechos exclusivos para meditar, puedes practicar la meditación sin importar si eres religioso o no. También puede incluir algunos aspectos de su creencia en su meditación; por ejemplo, si eres un católico devoto, puedes usar oraciones para meditar, o si eres budista, puedes usar mantras para llegar al espacio de la cabeza correcto.

4. La atención plena no te ayuda a escapar de la realidad

Así como no ayuda a vaciar su mente, la atención plena tampoco le permite escapar de la realidad. Lo que mucha gente pensó sobre la meditación es realmente falso. Por ejemplo, no puedes escapar del mundo real y escapar a un "lugar feliz" en tu mente. La verdad es que la atención plena en realidad te hace más consciente de las cosas que están sucediendo a tu alrededor, que es el polo opuesto. Escapar a un "lugar feliz" es solo una solución provisional, cuando sales de tu lugar feliz tus problemas aún están en el mundo real.

5. La atención plena no es una panacea

La atención plena no es, ni nunca ha pretendido ser una cura para todo lo que te aflige. Si padece algún tipo de afección médica, debe buscar el tratamiento de un médico, no confíe en la atención plena para que pueda "pensar" en su enfermedad. Muchos han tratado de "arreglarse" de esta manera, y la mayoría, si no todos, han fallado miserablemente. La meditación es como un medicamento de mantenimiento, ayuda en el tratamiento adecuado, pero no es el tratamiento principal.

Por qué necesitas practicar la atención plena

Puedes practicar atención plena en cada momento. Puede elegir meditar y realizar escáneres corporales en una habitación tranquila o, por ejemplo, cuando suena el teléfono, puede hacer una pausa y respirar profundamente antes de contestar. Para motivarlo aún más a practicar atención plena, estos son algunos de sus beneficios:

Te convierte en un mejor tomador de decisiones

Uno de los principales problemas de crear un hábito con DMN es que usted piensa que solo tiene opciones limitadas para tomar decisiones. En lugar de considerar si algo puede ser bueno (o malo), simplemente actúas de acuerdo con las cosas que podrían venir por defecto. Mientras más te sometas a este hábito tuyo, más arraigado estará en tu mente, hasta que llegue el momento en que lo hagas sin siquiera pensar en tus mejores intereses. Incluso solo dos semanas de práctica de atención plena pueden reducir en gran medida los casos de mentes errantes y también ayuda a las personas a mejorar su enfoque. Además, la atención plena permite a las personas ser más creativas y claras al tomar decisiones, especialmente aquellas relacionadas con sus finanzas.

La atención plena también entrena tu mente para trabajar de manera más eficiente. Los investigadores compararon los escáneres cerebrales de los practicantes de atención plena con un grupo de control. Los resultados mostraron que el grupo de atención plena tenía más control ejecutivo, en otras palabras, son mejores tomadores de decisiones. Los practicantes también tuvieron una mejor agudeza mental según las pruebas realizadas después de practicar la atención plena.

Le proporciona un lugar donde puede estar libre de acondicionamiento

¿Cuántas veces has visto las noticias de la tarde y siempre parece haber al menos una noticia que te hace perder la velocidad? Es bastante desafortunado que la mayoría de las personas pasen por la vida de manera reactiva. La atención plena le proporciona conciencia y un espacio en la cabeza que le permite elegir cómo responder, en lugar de tener una reacción instintiva a las cosas. Tienes la oportunidad de elegir tu reacción en lugar de dejar que tu mente no responda a los tipos de reacciones que la sociedad ha arraigado en ti.

Te permite aumentar tu inteligencia emocional

¿Alguna vez te has enojado con alguien y luego te arrepentiste de haber atacado a esa persona? ¿Cuántas veces has comenzado a llorar y luego te arrepentiste de inmediato porque no podías parar? ¿Te asusta incluso la cosa más pequeña? ¿Tiene la mala costumbre de perder los estribos? Si crees que tus emociones están comenzando a apoderarte de tu vida, debes practicar la atención plena.

Los estudios médicos han demostrado que las personas que practican la atención plena tienen un mejor control sobre sus emociones en comparación con otras personas. De hecho, el ejército de los EE. UU. Realizó su propia investigación sobre la atención plena y cómo podría ayudar a quienes padecen TEPT. Su investigación arrojó que la atención plena en realidad puede ayudar a minimizar el estrés e incluso aliviar los efectos del estrés crónico.

La práctica de la atención plena también ayuda a las personas a lidiar con el cambio mucho mejor, a volverse menos dependientes de las opiniones de los demás y también a ser más resistentes cuando se trata de enfrentar emociones desagradables. Practicar la atención plena crea un poco de espacio entre usted y sus emociones para que tenga más tiempo para procesarlas y reaccionar ante ellas en consecuencia.

El entrenamiento de la atención plena no solo te hace más maduro emocionalmente, también ganas más empatía, compasión y también te vuelves más altruista. Incluso después de solo ocho semanas, sentirá más empatía con los demás, y también será más capaz de tomar medidas compasivas.

Ayuda a tu cuerpo a prosperar

Muchos atletas de todo el mundo utilizan la atención plena para mejorar su rendimiento. Los jugadores universitarios de baloncesto practican la atención plena para ayudarlos a aceptar sus pensamientos negativos para que no se pongan nerviosos durante el juego, los surfistas practican la atención plena para poder controlar sus miedos y montar esas enormes olas.

La atención plena también puede aumentar la cantidad de actividad física que su cuerpo puede soportar. La mayoría de las personas se distraen de sus entrenamientos, pero en realidad es mejor cuando practicas la atención plena mientras haces ejercicio. Por ejemplo, si tiene prisa por terminar su entrenamiento con pesas, solo se concentrará en hacer la cantidad necesaria de repeticiones y no prestará atención a su forma. Y cuando no tiene cuidado con su forma de elevación, es más propenso a lesionarse gravemente. Con atención plena, no solo es cuidadoso con su forma de levantamiento de pesas, sino que también se sentirá más logrado con cada serie que complete.

Te ayuda a ser más creativo

Independientemente de si se trata de escribir, dibujar, esculpir y otras artes, puede utilizar la atención plena para aumentar su creatividad.

La creatividad surge de la DMN. En estos períodos de descanso desenfocado tienes la oportunidad de tener una perspectiva diferente, puedes hacer nuevas asociaciones entre ideas y atacarlas. Por ejemplo, si eres un escultor, no sabes de inmediato qué tallar en un gran trozo de piedra. Debes sentarte frente a esa enorme losa y visualizar lo que puedes hacer con ella. La única forma de ver claramente la escultura final es eliminar todas las distracciones a tu alrededor.

El mayor obstáculo para tu creatividad son las distracciones que te rodean. Cuando su mente está distraída, no puede cambiar de su modo de tarea positiva de nuevo al DMN, lo que lo lleva a quedarse atascado en una rutina. Para empeorar las cosas, estas distracciones se presentan en muchas formas diferentes, desde sus tareas diarias habituales, hasta los diferentes factores estresantes continuos con los que tiene que lidiar (como problemas de relación y dinero).

Con atención plena, puede decir adiós a todas sus distracciones y saludar a una fuente de inspiración casi infinita.

Ayuda a fortalecer las conexiones neuronales existentes y a construir nuevas

Recuerde antes, cuando se mencionó que la atención plena en realidad puede remodelar el cerebro humano, en términos de crear nuevas conexiones neuronales. Practicar la atención plena tan a menudo como sea posible hará que su cerebro construya nuevas vías neuronales y, en última instancia, nuevas redes neuronales, lo que hará que funcione de manera más eficiente. Esto ayuda a su cerebro al mejorar la concentración y la conciencia.

¿Qué necesitas hacer para ser más consciente?

Practica la atención plena hasta la náusea. No hay atajos ni píldoras mágicas que te ayuden a ser instantáneamente más consciente. Este libro no promete resultados instantáneos, aunque recibirá consejos que facilitarán mucho el proceso, pero aún le tomará un tiempo antes de que pueda ser plenamente consciente. Ser consciente significa que estás entrenando tu mente para ser consciente de lo que está pensando, en lugar de convertirte en lo que realmente está pensando.

Aquí es donde la meditación puede ayudarte. Hay muchas maneras de meditar, el método tradicional de sentarse en un lugar tranquilo y observar sus pensamientos sin ser crítico es la forma más fácil, y también es el mejor lugar para comenzar para los principiantes. Puede sonar simple, pero el problema es que la mayoría de las personas no viven en el presente, se preocupan constantemente por cosas que aún no han sucedido o que ya sucedieron. Sus pensamientos están constantemente dando vueltas sin control en su cerebro. Con la atención plena, puede poner un poco de espacio alrededor de sus pensamientos para que pueda dejar de lado las comparaciones, los juicios y el control de ellos.

Los fundamentos de la atención plena

Ahora, aprenderá cómo puede practicar realmente la atención plena. Aquí hay algunas formas en que puede ayudar a sintonizar su mente para que se vuelva más consciente todos los días:

Reserve tiempo para practicar. Lo mejor de la práctica de la atención plena es que no necesita un cojín de meditación elegante ni ningún otro equipo especial. Sin embargo, debe dedicar un tiempo en su día para practicar la atención plena.

Observa el ahora. Como se mencionó anteriormente, la atención plena no se trata de silenciar sus pensamientos, ni se trata de alcanzar la paz interior absoluta. El objetivo final de la atención plena es entrenar tu mente para prestar atención al momento presente, todo sin juzgarlo; Y esto es más fácil decirlo que hacerlo.

Deja que tus juicios pasen de largo. Hablando de ser crítico, cada vez que te das cuenta de que estás comenzando a juzgar tus puntos de vista del ahora, solo toma nota mental de tus pensamientos críticos y deja que pasen de largo.

Vuelve a observar el ahora. Uno no puede estar atento todo el tiempo, pero puede volver a estar atento en cualquier momento. No puede evitarlo si su mente se deja llevar en algún momento, especialmente cuando está perdido en sus pensamientos, pero con atención plena, puede arrastrarse nuevamente a observar el ahora.

Sé amable con tu mente. Eliminar el juicio no es solo para tus pensamientos, también debes extender la misma cortesía a tu mente. No te juzgues a ti mismo si alguna vez surgen pensamientos irracionales en tu cabeza, cosas como estas ocurren todo el tiempo. Lo importante es que reconozca cuándo suceden estas cosas y que suavemente vuelva su mente al presente.

Obtén un cambio de escenario. Cuando empiece a sentirse preocupado, levántese y muévase a una nueva ubicación. No es que muchas personas sean conscientes de que su entorno también puede afectar su estado de ánimo. Si comienza a sentirse ansioso mientras está en una habitación tranquila, vaya a donde hay un poco más de vida. Si te abruma el ruido y demasiada energía, ve a un lugar tranquilo. La idea aquí es interrumpir tus pensamientos dándole nuevas sensaciones para procesar.

Haz algo para que tus jugos creativos fluyan. La creatividad tiene una forma diferente de usar su cerebro en comparación con la forma en que se usa al realizar tareas mundanas. No pienses que no eres creativo, o que no tienes talento para nada; todos son creativos, y eso te incluye a ti, por supuesto. El problema es que excluyes tu lado creativo porque sientes que no eres lo suficientemente bueno o que es solo una pérdida de tiempo. La creatividad es más que solo el producto final, es todo el proceso. No se preocupe si no produce algo que sea hermoso en sentido amplio, solo cree cosas de las que pueda estar orgulloso.

Muévanse. Una de las mejores cosas que puede hacer para arreglar su mente preocupada es ponerse un poco más físico. Cuando haces ejercicio, tu cerebro libera endorfinas, estos son químicos cerebrales que te harán sentir más feliz, más relajado y menos estresado.

Usa tus fortalezas. Cuando haces algo en lo que sabes que eres bueno, es casi imposible no sentirte bien. Nunca es malo probar algo nuevo, pero si siente que está empezando a luchar y comienza a sentirse un poco abrumado, haga algo en lo que sepa que se destaca. Por ejemplo, si eres un buen panadero, prepara un lote de tus magdalenas o galletas favoritas. ¿Eres bueno en jardinería? Pasee un rato por su jardín, tal vez incluso recoja un par de flores para que tenga algo refrescante en su escritorio. Estas actividades te ayudarán a salir de tu funk y volver a vivir en el ahora.

Distraerse haciendo algo que utiliza la capacidad intelectual. La distracción es una forma de deshacerse fácilmente de la ansiedad y la preocupación. Sin embargo, algunos tipos de distracciones son mejores que otros. Por ejemplo, para algunas personas, mirar compulsivamente sus series favoritas en Netflix es una excelente manera de lidiar con sus mentes ansiosas, pero también hay algunas personas que no pueden cerrar el cerebro incluso si están viendo la televisión. Si eres uno de ellos, puedes probar otras actividades que requieren un poco más de pensamiento y razonamiento, como un rompecabezas de Sudoku, un crucigrama o probar tu habilidad en un oficio bastante complicado que viste en línea.

Haz uso de todos tus sentidos. Una forma efectiva de regresar al presente es usar todos sus sentidos para darse cuenta de lo que está frente a usted. ¿Notan cuántas ventanas hay dentro de la habitación? ¿Puedes oler algo cocinando en la cocina? ¿Cómo se siente el cojín de tu silla? ¿Puedes oír ese leve zumbido proveniente del aire acondicionado? Hacer esto involucra a tu cerebro y lo distrae de tus preocupaciones, lo que inmediatamente te lleva de vuelta al presente.

Respira profundamente. Lo mejor de los ejercicios de respiración para lidiar con la ansiedad y la preocupación es que puedes hacerlo donde quieras. Hay muchos ejercicios de respiración que puedes probar, y todos están disponibles en línea. Sin embargo, todo lo que necesita hacer es reducir la velocidad de su respiración y concentrarse en inhalar y exhalar. Cuente hasta cinco cuando inhala y nota que su pecho sube, y luego cuente hasta cinco mientras exhala y nota que su pecho cae. No solo enfocarte en tu respiración te trae de vuelta al presente, la mayor cantidad de oxígeno en tu sistema también te ayuda a calmarte.

Una práctica simple de meditación de atención plena para principiantes

Si es la primera vez que intentas meditar, es posible que te sientas un poco ansioso y nervioso porque puedes hacerlo mal y, por lo tanto, negar sus efectos; no lo hagas No hay absolutamente ninguna manera de que pueda meterse con la meditación de atención plena, ni siquiera necesita seguir las instrucciones al pie de la letra, hacer lo que quiera, los efectos seguirán siendo los mismos.

1. **Siéntese en una posición cómoda.** No importa dónde te sientes (en el piso, en una silla, en tu sofá y en otros) mientras estés cómodo, eso está bien. Solo asegúrese de estar sentado en algo que sea estable y cómodo.

2. **Tome nota de lo que están haciendo sus piernas.** Si está sentado con las piernas cruzadas sobre un cojín, observe cómo se entrelazan sus piernas y qué partes están experimentando más presión que otras. Si está sentado en una silla, observe cómo las plantas de sus pies descansan sobre el piso.

3. **Mantenga la espalda recta.** Debes mantener la espalda lo más recta posible, sin embargo, no te pongas rígida. Su columna vertebral tiene una curvatura natural, así que déjela descansar en esa posición.

4. **Tome nota de lo que están haciendo sus brazos.** Coloque los brazos de tal manera que la parte superior de los brazos estén más o menos paralelos a la parte superior del cuerpo y coloque las palmas de las manos sobre las piernas en cualquier lugar donde se sienta más cómodo.

5. **Suaviza tu mirada.** Inclina la cabeza un poco hacia abajo y deja que tu mirada te siga. No tienes que cerrar los ojos. Puedes dejar que tus ojos caigan donde quieran. Si hay objetos frente a sus ojos, simplemente déjelos allí, no se concentre en ellos.

6. **Siente tu aliento.** Dirige tus pensamientos hacia tu aliento. Presta atención al aire que entra en tu nariz y sale de tu boca, y al aumento de tu pecho con cada respiración.

7. **Esté atento a los momentos en que su atención se aleja de su respiración.** Siempre habrá momentos en que tu mente se alejará de tu respiración, no te preocupes cuando esto suceda. No tiene que bloquear o evitar sus

pensamientos, simplemente haga que su mente vuelva a concentrarse en su respiración.

8. **Tómatelo con calma.** Puede encontrar que su mente divaga constantemente mientras está meditando, no sea demasiado duro consigo mismo, este tipo de cosas suceden todo el tiempo. En lugar de luchar contra tus pensamientos, debes practicar simplemente observarlos, no juzgarlos y no reaccionar ante ellos, y solo sentarte allí y prestar atención a tu respiración.

9. **Cuando esté listo, levante la mirada.** Cuando esté listo (no se preocupe porque sabrá cuándo está listo), tómese un momento para notar cualquier sonido a su alrededor. Observe todas las sensaciones que siente su cuerpo y luego tome nota de sus pensamientos y emociones.

Acabas de terminar tu primera meditación de atención plena, eso no fue tan malo ahora, ¿no? Una vez más, no tiene que seguir las instrucciones hasta el último detalle, siempre y cuando se sienta como debe hacerlo, entonces lo hizo bien.

CAPÍTULO 11: CONSEJOS PARA EVITAR EL PENSAMIENTO EXCEPCIONAL, PARA AYUDARLE A ALCANZAR UNA PERSPECTIVA POSITIVA DE LA VIDA

La mayoría del desorden en nuestra mente se origina en el condicionamiento negativo y el diálogo interno poco saludable.

A la larga, el diálogo interno negativo destructivo puede conducir a un mayor estrés, una inmunidad reducida, mayores posibilidades de sucumbir a la depresión o la adicción y una disminución de la salud en general. Dominar el arte de controlar el diálogo interno negativo es la clave para despejar tu mente, derribar desafíos, experimentar una mayor confianza y vivir la vida que siempre has soñado.

Estas son algunas de las mejores estrategias para matar al demonio negativo del diálogo interno.

PRUEBE PENSAR EN POSIBILIDADES

Para hacerlo más fácil, intente un enfoque de pensamiento más neutral y equilibrado para eliminar el diálogo interno negativo. Cuando su mente está abrumada por un diálogo interno cada vez más negativo, no es fácil cambiar de inmediato a un modo positivo. Piense en las diferentes posibilidades sobre por qué ocurrió o sucedió algo.

Cuando realice una presentación o reunión ineficaz, vuelva a todos los momentos en que su presentación fue bien aceptada por el público. Usa datos fríos y duros. ¿Cuántas reuniones has realizado hasta la fecha? ¿Cuántos fueron geniales? ¿Cuántos eran pésimos? ¿Qué lograste a través de estas reuniones y presentaciones? Esto lleva a un pensamiento neutral y equilibrado.

Solo asegúrese de evitar el desastre o el síndrome de pensamiento extremo. Pensar en la posibilidad es dejarse saber que sí, no todo es tonto, pero eso no significa el final del camino. Una mala presentación no define sus habilidades de presentación o ética de trabajo. Lo que está haciendo es simplemente poner en perspectiva las cosas aparentemente incorrectas o negativas (y un contexto claro) para garantizar que no vuelva a suceder.

La próxima vez que encuentre su mente preocupada con pensamientos negativos altamente filtrados, intente pensar con posibilidades. ¿Cuáles son las diversas posibilidades debido a que algo sucedió? La mayoría de las situaciones que enfrentamos no son abiertamente positivas o negativas, sino intermedias. Mantenga su pensamiento realista para despejar su mente y lograr mejores resultados.

HABLAR COMO SI ES UNA PERSONA QUE AMAS

Cada vez que caigas en una charla mental negativa, detente y pregúntate si dijeses algo similar a un buen amigo o ser querido. Por ejemplo, si su mejor amigo no asiste a su presentación, ¿lo llamaría "una persona tonta que nunca debería haber conseguido el trabajo o no es apto para el trabajo?" Si esto no es algo que le dirías a un ser querido, ¿por qué te dirías algo tan desagradable? Si bien nos resulta bastante fácil demostrar sensibilidad y empatía hacia los demás, es un juego totalmente diferente cuando se trata de nosotros mismos.

Cada vez que te critiques o te juzgues negativamente, pregúntate si hubieras dicho lo mismo a un ser querido. Si no, pare allí. Detén el diálogo interno negativo y piensa cómo habrías hablado con un amigo que te hubiera revelado lo mismo.

Por alguna razón desconocida, las personas encuentran absolutamente bien hablar consigo mismas de una manera que nunca hablarán con otra persona. ¿Alguna vez ha llamado perdedor a una persona que no hace algo bien? Por el contrario, les haces comprender que lo que piensan claramente no es cierto, y que un fallo no define quiénes o qué son.

Muestra la misma amabilidad hacia ti mismo. Casi siempre nos estamos acosando inconscientemente para creer lo mal que somos, lo que crea toneladas de caos mental y daño. Nuestras expectativas de nosotros mismos son a menudo demasiado irreales y algo que realmente no esperaríamos de los demás. Ser duro contigo mismo puede ser grandioso a veces, pero continuamente te exhortas a ser el mejor y aumentar las expectativas poco realistas puede ser perjudicial.

Evita pensar en errores pasados y sigue adelante (algo que siempre le dirías a un amigo). Háblate a ti mismo como si estuvieras hablando con un amigo cercano manteniendo el tono más solidario y no crítico.

Reemplace las palabras críticas duras con términos más positivos. Dése una retroalimentación genuina, objetiva y constructiva. Felicítese por las cosas buenas y aliente las cosas no tan maravillosas.

GIRA PARA GANAR

A veces, simplemente girar algunas palabras aquí y allá puede darle un giro más positivo a su diálogo interno. Un pequeño cambio en la semántica puede afectar su mente subconsciente para cambiar la perspectiva de una manera enorme.

Nuestros pensamientos y patrones de habla son tan negativos en un nivel subconsciente que ni siquiera nos damos cuenta cuando estamos entrando en el modo de conversación negativa. Ocurre casi involuntariamente y tiene un efecto perjudicial en la psique. Somos tan autocríticos que incluso cuando alguien nos felicita, lo negamos con un "no, eso no es cierto" en lugar de aceptarlo gentilmente.

Cada vez que te sientas mal por tener que ir a trabajar, piensa en cómo llegar al trabajo y apoyar / alimentar a tu familia. Experimentará automáticamente una mayor sensación de positividad y niveles reducidos de estrés. Tus pensamientos se sentirán más limpios y renovados.

EVITE JUGAR A LA VÍCTIMA

¿Eres una de esas personas cuya mente siempre está llena de voces sobre cómo las circunstancias nunca están a tu favor o cómo te han ofendido? ¿A menudo actúas como si las cosas no estuvieran bajo tu control o que todos te molestaran?

Evite hacerse la víctima culpando a factores externos. Aprende a aceptar la responsabilidad de tus actos. Estás sosteniendo el volante de tu vida si tiene sentido. Usted está en condiciones de controlar todo lo que le está sucediendo.

Cuando no puedes controlar algo en tu vida, aún tienes el poder de controlar tu reacción a él. Puedes concentrarte en el problema y ser una víctima o encontrar una solución para romper el patrón. La elección de ser parte del problema o la solución recae en usted, lo que determina su reacción. No tiene sentido seguir cayendo en la mentalidad de la víctima. Más bien, condiciona tus pensamientos para tomar el control de tus acciones y reacciones.

Por ejemplo, la próxima vez que te encuentres interpretando a la víctima en una relación que se ha deteriorado, pregúntate qué te llevó a eso. ¿Fueron sus acciones responsables de lastimar o enojar a la otra persona? ¿Hiciste o dijiste algo que no deberías haber dicho o hecho? Tome posesión de sus acciones sin ser duro o abiertamente autocrítico, y comience a trabajar en sus defectos para evitar los mismos errores en el futuro.

Cuando te niegas a reconocer tus acciones, no hay nada que puedas hacer para cambiarlas. Sigues culpando a todo y a todos los demás, lo que conduce a un ciclo negativo de autodestrucción.

DESHACERSE DE LA FUENTE

Identifique de dónde proviene su diálogo interno negativo si realmente quiere vencerlo. Muchas veces, son las personas que nos rodean las que nos condicionan a pensar o creer algo como la verdad. Incluso los comentarios o las críticas negativos aparentemente inofensivas o sutiles pueden afectar nuestro sentido de autoestima. La voz de los demás, lenta e insidiosamente, se convierte en nuestra voz interna de diálogo interno crítico. Nunca permita que la percepción de otra persona sobre usted defina su realidad o se convierta en la base de su diálogo interno crítico.

¿Hay personas a tu alrededor que ven su vida o la tuya bajo una luz predominantemente negativa? ¿Eres una víctima involuntaria de la negatividad de otra persona? Si bien no es raro que el diálogo interno negativo se origine dentro de nosotros, a menudo se remonta a nuestro condicionamiento o creencias / acciones / palabras de las personas que nos rodean. La conversación crítica negativa que se origina en la baja confianza o autoestima de otra persona es muy difícil de tratar. Huya millas de personas tan negativas y destructivas para cambiar su perspectiva de la vida y verla de manera más positiva y constructiva.

Evite caer en la trampa de la negatividad establecida por otros. Manténgase alejado de los quejicos y quejicares crónicos y habituales. No valide las quejas de otras personas interviniendo o jugando una fiesta voluntaria. Según un estudio de la Escuela de Psicología Social de Varsovia, las personas que siempre se quejan experimentan una reducción de la satisfacción con la vida, mayores emociones negativas, retraso en el pensamiento positivo y estados de ánimo más bajos.

EVITE PERSONALIZAR

Usted está trabajando con un compañero de trabajo en un proyecto cuando él o ella solicita que lo trasladen a otro proyecto para ajustar sus horarios de acuerdo con los requisitos de su familia. No personalice automáticamente la situación y piense que él o ella no quiere trabajar con usted.

Todos tenemos el error incorporado de personalizar las cosas cuando claramente no son personales. Si alguien no atiende su llamada o responde un mensaje porque probablemente esté conduciendo o en el trabajo, invariablemente asumimos que está tratando de evitarnos o no nos gusta. Olvídate de la tendencia a asumir la responsabilidad de todo lo que aparentemente te sucede en tu vida. Personalizar y pensar todo en términos de una catástrofe es el último rayo en la rueda del pensamiento positivo.

ELIMINA LOS PREJUICIOS

El bajo diálogo interno es esencialmente el resultado de un bajo sentido de autoestima o de una autoestima reducida que nuevamente se origina en prejuicios propios. A veces, lo que creemos que es real es solo una consecuencia de distorsión y prejuicio. Obtenga una descripción objetiva de sus logros, habilidades y destrezas. ¿Cómo le aparecerían a alguien más? ¿Utiliza los mismos parámetros para juzgarse a sí mismo que para juzgar a los demás?

Evaluamos nuestras circunstancias subconscientemente, con una voz interior molesta que nos examina y evalúa cómo nos ha ido en varias situaciones. Esto crea un montón de prejuicios que dirigen nuestros futuros pensamientos y acciones (imagina la basura mental con la que estamos lidiando). Elimine una voz prejuiciosa o sesgada y reemplácela con una voz propia más objetiva y razonable. No te juzgues usando circunstancias o acciones pasadas. Date una oportunidad justa de trabajar con las cosas no tan maravillosas.

ACEPTA TUS IMPERFECCIONES

Esto no quiere decir que cuando trabajas en una debilidad, simplemente debes volverte perezoso y vivir con ella. Abrazar tus imperfecciones es aceptar lo que no puedes cambiar sobre ti y experimentar una sensación de liberación a partir de entonces.

No crees objetivos poco realistas para ti mismo. Si bien puede aspirar a un cuerpo sano y en forma, no se verá como el modelo perfectamente tonificado en la portada de un brillante. Evita tener expectativas dispares de ti mismo. Algunas personas establecen estándares irracional e irracionalmente altos para sí mismas y terminan decepcionadas, lo que a su vez conduce a un diálogo interno negativo (y desorden mental). Sé amable y razonable contigo mismo. Simplemente no puedes hacerlo bien cada vez. Mientras progreses (por muy pequeño que te parezca), lo estás haciendo bien. Está bien si te has equivocado a veces. En lugar de ahogarte en errores pasados, aprende y sigue adelante.

Tus perfecciones e imperfecciones se suman para convertirte en la persona única que eres. Celebre esta singularidad deshaciéndose de los pensamientos autolimitados relacionados con las imperfecciones. Todos son imperfectos a su manera. Sin embargo, solo las mentes positivas se elevan por encima de las imperfecciones al abrazarlas y seguir adelante.

DÉ UN NOMBRE A SUS CRÍTICAS Y CLASIFICACIONES INTERNAS

Dale a tu crítico interno el nombre más tonto que puedas imaginar. Será un desafío tomar en serio una voz que se llama "el tejón". Llamar a su crítico interno algo tonto le da un toque de alegría. Esto te ayuda a romper un control esencialmente emocional que el estrés o la ansiedad ejercen sobre ti. Durante un período de tiempo, estos breves circuitos de desconexión destruyen todo el ciclo de estrés y ansiedad.

Del mismo modo, dale un nombre a tus discursos. A algunas personas les gusta llamar a sus comentarios internos historias o cuentos. De esta manera, en lugar de ver las diatribas como hechos genuinos o la verdad, tendemos a verlas como hábitos o patrones de rutina. Nos dice que las historias de "nunca puedo hacer lo suficiente" que tuvimos ayer también son ciertas hoy, lo que significa que son más hábitos que verdades.

CAPITULO 12: MANERA DE CONVERTIR TUS EMOCIONES PREOCUPADAS, ANSIEDAD Y NEGATIVAS EN ENERGÍA POSITIVA

Se ha demostrado que preocuparse crea más noches de inquietud o insomnio, ataca su sistema inmunológico, aumenta las posibilidades de desarrollar TEPT y aumenta el riesgo de morir a una edad más temprana. El pensamiento detrás de la preocupación que causa tanta ansiedad es que las personas no pueden aceptar una verdad simple: No tenemos control sobre ciertas cosas que suceden en nuestras vidas. La razón principal por la que la mayoría de las personas se preocupan es porque adivinan cada elección o decisión que toman, o no pueden aceptar que no tienen control, por lo que se convierten en perfeccionistas o "fanáticos del control" para sentirse mejor. Sin embargo, ¿la necesidad de controlar o perfeccionar todo realmente te hace sentir mejor? Si su respuesta es no, eche un vistazo a estas formas en que puede controlar su mente de manera positiva:

1. Establezca un "tiempo de preocupación"

Al establecer un momento específico en el que pueda preocuparse, puede practicar diciéndole a sus preocupaciones que no tiene tiempo en este momento, pero que también ha reservado un tiempo más tarde para abordar los problemas. Asegúrese de que este "tiempo de preocupación" no sea justo antes de acostarse o en medio de un momento agitado del día, como cocinar la cena. Asegúrese de que no sea más de una hora. De esa manera, le da tiempo de sobra para abordar todas sus preocupaciones y encontrar soluciones efectivas. Además, finalice su "sesión de preocupación" con meditación o ejercicios de respiración tranquila.

Reconocer el pensamiento o la preocupación

Cuando surja una preocupación durante el día que no puede soltar, escríbala y acéptela. No trate de evitar el pensamiento ni lo aleje, ya que esto solo lo empeorará y lo hará "más ruidoso". Acepte que la preocupación puede no ir a ningún lado y seguir adelante; no prestes demasiada atención obsesionándote con eso, solo reconoce que está ahí. Cuando esté en su "tiempo de preocupación", mire las notas que escribió durante el día y evalúelas primero.

Escríbelos y selecciónalos

Mantén un diario. Esto es efectivo porque cuando tratamos de pensar en nuestras preocupaciones mientras tenemos un día ocupado, lo más probable es que estemos pensando de manera ilógica o irracional. Cuando escribimos nuestras preocupaciones en un diario, no solo podemos desahogarnos, sino también ver los patrones en nuestro pensamiento para seleccionar los pensamientos negativos y reemplazarlos por los positivos. También nos ayuda a analizar nuestras preocupaciones en general, para que podamos obtener una mejor idea de qué hacer a continuación.

2. Practica la atención plena

La atención plena es cuando intencionalmente te permites estar en el momento presente. Es mirar los colores rojos y contar cuántas cosas en la habitación son rojas (o cualquier otro color). Si está bebiendo o comiendo algo, entonces debe estar completamente presente con el sabor, la textura, el olor y la vista del artículo que está consumiendo.

3. Haz ejercicio

Toneladas de estudios de todas partes y casi todo lo que lee dice que los trastornos de salud mental pueden provenir del intestino. Cuando comemos cosas mejores y más saludables, tenemos más energía. Cuando tenemos más energía, podemos descubrir formas productivas de liberar esta energía, como hacer ejercicio y hacer ejercicio.

4. Averigua qué está fuera de tu control

Esto funciona mejor cuando tienes un terapeuta o un consejero para que te ayude, pero en caso de que quieras intentarlo por tu cuenta por cualquier razón, encuentra lo que puedes controlar y deja de lado lo que no puedes.

5. Evalúa tus miedos

Cuando sus preocupaciones se vuelvan demasiado, haga una pausa y encuentre la raíz de esta preocupación. La mayoría de las veces surge del temor de que algo vaya a suceder. Sus temores generalmente provienen de preocupaciones que aún no ha reconocido. Pregúntese: "¿Estoy prediciendo el futuro? ¿Dudo de mí mismo que pueda manejar lo que suceda después? La mayoría de las veces, subestimamos nuestras habilidades para controlarnos a nosotros mismos y cómo manejamos las situaciones. A veces solo tienes que enfrentar los miedos, desafiar tus pensamientos y dejar que pase lo que pase. La mayoría de las veces verás que la circunstancia no fue tan mala como pensabas.

6. Practica la meditación

La meditación es una de las estrategias de relajación más efectivas. Cuando estamos relajados, es más fácil para nuestros cerebros relajarse y apagarse por un tiempo. La mayoría de la meditación se enfoca en nuestra respiración. A través de la meditación, puedes aprender cómo respirar de manera efectiva, de dónde respirar y ser más consciente de cómo estás respirando cuando estás fuera de casa. Aunque la meditación puede no hacer algo por ti ahora si estás esperando un alivio inmediato, le puedo asegurar que con el tiempo se sentirá más en paz. La meditación no es solo una solución rápida para calmarte, sino una solución efectiva a largo plazo para entrenar tu mente para manejar mejor las situaciones estresantes. Una mente pacífica y tranquila es un alma feliz y tranquila. Cuando nuestras almas son pacíficas, nuestras vidas también son pacíficas.

7. Desarrollar un diálogo interno positivo

Cuando tienes una mente inquieta y preocupada, generalmente significa que no te estás dando crédito por las cosas estresantes por las que has pasado antes. Desarrolle este pensamiento cuando entre en pánico: supere situaciones más difíciles y peores como esta antes, así que soy completamente capaz de manejar lo que enfrento ahora.

Intente reemplazar sus pensamientos dudosos con mantras saludables para un alivio rápido en el momento. Si se sorprende diciendo: "No sé si puedo hacer esto", reemplácelo con "Sé que puedo". Cuando te encuentres pensando: "Espero que él o ella no me juzguen", entonces reemplázalo con "Tengo confianza" o "Soy resistente". Incluso si no crees en las cosas positivas que dices usted mismo, cuanto más tiempo y más frecuentemente se diga estas cosas, más desarrollará su mente estas formas positivas y menos probable será que sus preocupaciones sean negativas.

8. Reemplace sus preocupaciones con verdades

Cuando te preocupes por el pasado o el futuro, reemplaza estas preocupaciones con: "Todo lo que tenemos es ahora, no puedo controlar el ayer, y no puedo predecir el mañana". Al reemplazar tus preocupaciones o miedos con la verdad, serás capaz de mantén la calma en el momento presente. La mayoría de las veces, nos preocupamos por cosas que están fuera de nuestro control, estamos tratando de predecir el futuro o nos estresamos demasiado por lo que está sucediendo en este momento. Si está en una reunión y su mente se llena de preocupaciones dentro de su cabeza acerca de cómo no va a ser bueno o hacer el bien, entonces díganse a sí mismos: "Mírenme, hasta ahora estoy bien. Si me equivoco, puedo y podré solucionarlo ". Al tener pensamientos positivos y reemplazar las preocupaciones por la verdad, sus preocupaciones disminuyen y automatizará esta estrategia con el tiempo.

9. "Qué pasa si" no importa - "Cómo puedo" hacer

Cuando te preocupes por: "¿Qué pasa si la casa se incendia?" O, "¿Qué pasa si no desconecto la lámpara de lava?" O, "¿Qué pasa si me olvido de algo?" En cambio, piensa: "¿Cómo es posible que mi casa se incendia? ¿Cómo puedo resolver el problema de la lámpara de lava? ¿Cómo puedo manejar si olvidé algo? "¿Ves la diferencia cuando cambias" qué pasa si "a" cómo puedo hacerlo? "La mayoría de las veces nuestras preocupaciones de" qué pasa si "son exageradas, irracionales y algunas veces incluso ilógicas.

10.   Acepta lo desconocido

Lo desconocido es una cierta cosa que todos enfrentamos. Es algo así como pensar y estresarse sobre cosas que no podemos controlar porque no sabemos lo que va a suceder. Demasiada gente NECESITA saberlo todo y planificarlo todo. Intenta desarrollar la estrategia para ser simplemente. Solo entiende que suceden cosas inesperadas, así que espera lo mejor y no esperes mucho más que eso.

En conclusión, nuestras preocupaciones derivan en miedos que nos dan ansiedad. Cuando nos ponemos ansiosos, nos olvidamos de usar nuestras mentes lógicas, y luego nuestras preocupaciones se hacen cargo de enviarnos a una espiral de pensamiento fuera de control. Al desarrollar y mejorar estas estrategias efectivas para superar las mentes demasiado preocupadas, descubrirá que tiene menos ansiedad y puede "controlar" más cosas a su alrededor, incluido usted mismo.

CONCLUSIÓN

Necesita entrenarse para dejar de pensar demasiado y hacer un esfuerzo consciente para practicar esto diariamente para que se convierta en un hábito. Controlar sus sentimientos y pensamientos requiere una práctica y compromiso serios.

Por sí solo, sus pensamientos pueden derivar aleatoriamente de una idea a otra, puede ir por el camino de la memoria, perseguir pensamientos descabellados o provocar ideas amargas o resentimiento e ira. Alternativamente, su mente puede sumergirse en un mar de ensueños y un mundo de fantasía, si no se tiene cuidado, su vida puede ser controlada por pensamientos tan aleatorios que cada decisión o acción que tome se vuelva impredecible. Tales pensamientos intrusivos que puede experimentar durante el día son evidencia de que la mayoría de las funciones de la mente probablemente estén más allá del control consciente. Además, nuestros pensamientos pueden sentirse tan poderosos y reales y pueden afectar la forma en que percibimos el mundo exterior.

Tómese un momento para descartar la suposición de que sus pensamientos espontáneos no tienen sentido y son totalmente inofensivos. En verdad, tales pensamientos pueden no tener sentido en ese momento, pueden ser producto de la memoria o la emoción del pasado, pero en el momento presente, pueden no reflejar la realidad.

La mayoría de nuestros pensamientos están bajo el control de nuestra mente subconsciente y nuestra mente subconsciente nunca nos otorgará un control total sobre nuestros pensamientos. Sin embargo, todavía tiene la capacidad de controlar algunos de sus pensamientos. Además, puede cambiar algunos de sus hábitos y cómo reacciona ante ellos para obtener más control sobre sus emociones.

Al leer este libro, ha encontrado una selección variada de ideas y herramientas que pueden ayudarlo a despejar su mente para que pueda silenciar todas las voces negativas en su cabeza, reducir el estrés y tener más tranquilidad.

Hacer esfuerzos conscientes para evitar pensar demasiado es un curso de acción gratificante que tendrá un impacto significativo en la calidad de su vida. Al pasar menos tiempo atravesando pensamientos intrusivos y negativos "en su mente", tendrá más tiempo para disfrutar el momento presente y cualquier otro momento.